日本の敬語

金田一京助

講談社学術文庫

序

郷里の盛岡は、敬語の丁寧な所で、自然私は日本の敬語に深く関心を持った。それで、今までに度々、物にも書いている。たまたま角川書店から「日本の敬語」の新書をたのまれた時、文部省で敬語部会を担任して、「これからの敬語」を出した経験から、少しは材料もあったので引き受けたが、材料負けをして中々小さくまとまらず、つい、こんなものになって誠にすまない。ただこれまでの日本文法の記述（デースクリプチーヴ）に終始する型を少々破って、歴史文法、もしくは、むしろ説明（イクスプラネイトリー）文法の試みと、現代篇で規範文法、もしくは実用文法の試みをやってみた。忙しい中で、まことに不完全なものに終ったが、どうか、大方の諸君子のご訂正ご修補をお願いいたします。

昭和三十四年四月十日

金田一京助

例言

一　本書の文法説は、必ずしも定説と一致しない。機械的な記述文法の見え透（す）いた虚偽がやり切れなくなったのと、有機的に動いて来た言語（ラング）の真相に触れたさの止むなさからである。例えば

一　定説は、「行けり」のりは、已然形（いぜんけい）（または命令形）「行け」へ付く助動詞の「り」と説く。しかし、「在り」が、用言ゆえ、連用形「行き」へ付いて存在態を表わす yuki-ari>yuk-i-a-ri>yuk-e-ri となったのが真相だ。

一　各歴史時代の記述文法を、年次的順序に積み重ねても、言語史ではない。依然としてあくまで共時的であって、通時的ではないから。本書は、一々「共時的に言えば」云々、「通時的に言えば」云々とことわりはしない。記述文法論に止まって居がたく、つい説明文法へ入って行くのは、国語が歴史的存在だから、止むを得ないのみか、ぜひ必要だとさえ私に考えられるからである。ただ、その説のいまだしいことを恥じるのみ。読者の丹念に補正して下さることをこいねがう。

一　本書に、よくアイヌ語のことを言い出す。これは、ほんの参考であって、決して同系語

と考えて、比較に取るわけではない。異系の言語にも、他山の石として、何かの示唆(しさ)を見出すことがあるという一般言語学的な原則からである。しかもアイヌ語は、たまたま素ぼくで、語原があらわで土俗も太古を思わせ、人類言語の旧態を今だにまざまざとしのばせることがあり、起原的考察の上には、見のがしがたい貴重な資料であるからである。

一　附録に添えた「これからの敬語」は、実は本書のねらいであり、眼目であった。以前、文部省の敬語部会で、二年ほどかかって詮議(せんぎ)した結論で、本書は、はじめ、これをふえんしたものを書きたかったのに、起原論に力み過ぎて、龍頭蛇尾に終り、これを添えることによって、初めて、ひとみを点ずることができた。案外に、この大切な「これからの敬語」が、世間に行きわたっていないから、一つには、そのために、文部当局に乞(こ)うて、附録に収めさしていただいたのである。

目次

日本の敬語

第一章　序　説

一　英語と日本語

英語なら

ウェイリ（Arthur David Waley）の英訳源氏物語が出て、五十嵐力（ちから）博士が紹介された時に、「原文のおほとのごもりましぬが、訳文にはただ He slept とあるだけだが……」とさびしそうなのに、「なる程なあ！」「英語にするとそんなもんかなあ」と、一同もあいた口が塞（ふさ）がらず、いやというほど、英語と日本語との違いを感じさせられたものだった。

日本語なら

また、毎度ながら、ラジオの放送で、聞いていると英会話の先生が、いつでもまず、

"Now, boys and girls, how do you do?"

と口を切られる。

日本語でもその様に「やあ、男の子たち、女の子たち、今日は。」と言って言えなくはないけれど、誰ひとりそうは言わない。

何と言うか？

「皆さん、今日は！」

と、「さん」を付けたり、

「皆さん、お元気？」

と、「お」を付けたり、

「お元気ですか？ お変りありませんか？」など、「です」「ます」を添えたりして、

「元気かい？ 変りがないかい？」

などは初めての人に対して言わない。これが「日本の敬語」である。Ｂ・Ｈ・チェインバリンが honourific と呼んで説いて著名になった日本の敬語である。

二 日本の敬語は文法的

英語の敬語
もっとも、英語などでも、多少は敬語がある。
His Majesty「陛下」
His Highness「殿下」
His Excellency「閣下」

の類(たぐい)である。

もちろん、Mr., Mrs., Miss. の類も敬語だった。今は性別に適用されることもあるけれど。

代名詞にしても、英語のみならずフランス語、ドイツ語で、同様に複数形を単数に用いたのは、単数形が目下にしか言えなくなって、敬意をもって言うために、複数を用いたのだった。すなわち、英語 thou の代りに you を、フランス tu の代りに vous を、ドイツ du の代りに Sie をつかう。はからずも、修辞が文法の領域に突入していた。だからここは文法書にもちょっと触(ふ)れる。

また、新聞の論説記者が、自分の考えを発表しながら we を用いる。同じようなことが、帝王の宣言や布告などに、また自分一人を複数で we と言う。いわゆる "editorial we", "royal we" であって、ここにやや文法的な修辞的表現がある。

動詞でも、例えば「国王が離宮へ赴(おもむ)かれた」ことを

The king proceeded to the detached palace.

また「大臣が宮中へ参候した」ことをも、

He proceeded to the Emperial palace.

などいう proceed も、単に「行く」ことをこう言う。

そのほか、丁寧(ていねい)に言う所の形は、例えば、「すぐおいでなさい」をやさしく、

You had better go at once.

という。かようなことなら他にもいくらでもある。修辞的ではあるが、立派な「丁寧形」で

ある。

かように英語やヨーロッパ諸国語では、大体に修辞的な程度に止まって、文法的事実までは、強いて拾ってもこんな程度のことがらであるものだから、どこの文典にも、まだこれを敬語法などと、特別の目を立てて取扱ってはいない。

修辞から文法へ

それで、日本の学校文法の本でも、あまり敬語法など説いてはいなかったものである。日本のは、修辞法から少し文法的規則にまで入りかかって、時としては、これによって人称別が表わされたりする。

いらっしゃいませんか　(Don't *you* go?)

まいります　(Yes, *I* do.)

もしも、これを取りちがえて

まいりますか？

いらっしゃいます！

と言ったら人称が反対になるであろう。単に下手だ上手だという段でなく、明瞭な文法的な誤りである。

三　日本の敬語は相対性敬語

絶対性敬語

今一つ違う点は、英語の His Majesty, His Highness, His Excellency, Mr., Mrs., Miss. の類は誰に向ってもそう言える敬語であって、話す相手が目上であろうと目下であろうと、使って平気である。

自分の夫のことを、客へ対して Mr. Smith あるいは、自分の妻を客へ対して Mrs. Smith といえる類、日本の敬語とははなはだ違う。日本のは、相手によっては、父をも、あるいは「おとうさん」あるいは「父」と変化するいわば相対性敬語であるのに比して、英・独・仏語の敬語は絶対性敬語である。

満州・蒙古（もうこ）・朝鮮・トルコその他の国々にももちろん敬語があって、しかも何れ（いず）もまた絶対性敬語のようである。

特別な日本敬語

こう考えて来ると、日本の敬語は、世にも稀（まれ）な独特のものだということがわかる。

強いて言えば、漢文に、似たことがあって、あるいは、その影響もあったろうかと考えられなくはない。自分の父母兄弟を人に対しては、愚父・愚母・愚兄・愚弟と言うなどは、そっくりそのまま日本語となっていたから、少くとも、そういう気持は、つよめられてハッキリ相対性敬語が発達したかと思われる一面がある。

髄の髄まで

ヨーロッパ風であった方がいいか、日本風の方がいいか。どちらの方がいいか、どちらがいいにしろ、わるいにしろ、われわれは日本に生まれて、こういう敬語を背負(しょ)わされているのである。

「パパ！　ママ！」と呼びすてて言う所を「とうさん、かあさん」「おとうさん、おかあさん」、もっと丁寧には、「さん」の代りに「さま」である。どんな貧しい田舎へ行っても、例えば、「ちゃん！　おっかあ！」でも、敬語形であって、呼びすてではない。その「ちゃん」も、「お」もつかない所の「とと」「かか」だって、敬語が、親称（したしみ呼ぶこと）のために極度に簡単化している形にほかならない。「とと」は「尊様（とうとさま）」から出た形であり、「かか」は「おかたさま」を極度に簡単化して、「さま」も落とし、「お」も落としてしまった「かた」の「か」をば、小児語流に反復（チーチー〈虫〉、チュウチュウ〈雀〉、ジージー〈祖父〉、バーバー〈祖母〉のように）した形にほかならない。

敬語法がすっかり髄まで、しみこんでしまって、国民全部が髄の底を洗ってしまわなければどうにもならない。とにかく、今の世はまだ一応敬語を身につけなくては、社会へ立てない。給仕にもなれない。社会人にはなおさらである。われわれはこの敬語を、足らぬ所なく、行き過ぎる所なく、要を得てスッキリ言い分けるのが、現代日本語のよい所であり、美しさの極致である。

補註

日本語でも天皇（並びに御一家）に関する限りは絶対敬語である。
同じようなことは今日までの所では、召し使いの婦女子などは取りつぎに出て、
だんなさま、いらっしゃいますか。の問に答えて、
はい、居ります。
では、主婦と違いなくなって、客は主婦かと思いまちがうことなきを保しない。やはり、
はい、おいででございます。
ぐらいが、程度であろうか。
広島地方では、「ちゃった」という敬語があって、……なさった・……なはった・……やはった系統の語尾らしいが、家で父母のことは、客に対しても、これをつける絶対性を父母に対してはもつらしい
――国民が陛下に対して絶対性敬語をもつように。

四　敬語の起原と階級

敬語の起原は何

さて、そういう日本の敬語の起原はそもそも何であったであろうか。起原の問題は文献以前のことに属するから、わからない。ただ方法をもってすれば、ほぼ近いあたりまで想定することが出来よう。それは、いまなお幼稚な未開語の観察と、世界言語の実情から得た原理に照らすことによってである。

敬語と階級意識

世界諸国語の中で、敬語のもっともやかましいことで著名なのは、南洋のジャヴァ島のジャヴァ語などがその一つであるが、社会的階級がやかましい生活だそうで、そんなことから、敬語の起原を、専ら人間の階級意識に結びつけて、そこから生じたものと解されることが多い。

日本の敬語も、封建時代の階級性の所産で、文化国家になった今日は、つまらないから全廃すべきだという論にまで走ることがある。

封建時代の階級生活が、今日の敬語の行き過ぎの因を成したこともたしかであるが、起原は、もっともっと旧い原始社会から起こる。原始社会の人々の知恵の及ばない所に神の観念が起こる。その神をたたえるほめ詞――美称が久しく繰り返されて敬語の基となることは認めてよかろう。

ほめ詞の種類

国語のほめ詞の第一は、まず大きいということである。大やまと、大八洲、大君、大神、大前、大物の類、「大前」は平安時代もう「お前」となって神前か、天皇の御前のこととなり、大物は「おもの」となって神前の供物か、天皇へたてまつる供御のことになる。

第二は「真」の意味のたたえ詞の接辞化した「み」――み家（＝宮）、み子、み孫、み門（＝帝）、み食、みてぐら、み執らし、み佩かし、（み山、み峯、道の「み」も）の類。

第三、「おほ・み」は、神か天皇のものに冠した最高敬語――大み位、大み代、大み宝、大み心の類。

第四、太は「大」と同義に、太祝詞、太占、太みてぐら、太知り、太敷きの類。

第五、天――天津太祝詞、天津乙女、天津菅麻の類。

第六、高も空のことで、天と同義の名詞で接辞化した。高光る、高てらす（＝天てらす）、高天の原、高みくら、高知るの類。

第七、玉は玉床、玉垣、玉橋、玉盌、玉かづら、玉鉾、玉琴、玉勝間、玉梓の類。

大御・おほん・おん・お

以上の内、二つ重ねた、大・御が最高敬語となり、平安時代へ伝わって、おほん（―時代）となり、おん（―顔、―手）と軽くなって中世に入り、その末頃から、おなか（腹）、おひや（水）、おでん（田楽）など言うようになる。今日のお茶、お菓子、お割烹、おコーヒーの「お」になるまで、だんだん軽くなり、程々の階級の敬称に役立った。

「みまし」「みたち」

「み」は美称として、み山、み雪、み冬などから一方、敬称となって宮（みや）、皇子（みこ）、み名、み心以下、最も久しく伝わった。「在る」の敬語「おいでになる」意の「ます」の連用名詞形「まし」（＝お前）が第二人称代名詞になっていたのを、この「み」がついて「みまし」（「あなた」）となった。それと並行して、同じく「在」の敬称「います」の連用形の「いまし」（汝）も第二人称代名詞敬称だったから、うっかり、これに類推（るいすい）して「みまし」の方を、「みます」の連用かという人もあるが、「み」は名詞へつく接頭辞だから、「まし」という連用形名詞法へついたものと見る。

「み立ち」ということもあったから、み立ちせしとも歌った。「み」が「立ち」という連用形名詞へついたので、「み立つ」の連用形なのではない。そういう語はないから「み立たす」という語があり得ない。

大（おほ）や高（たか）も、動詞への接頭辞ではなく、「高（たか）」は天のこと、「高照らす」は、「天照らす」と同義の「空にかがやきたまう」意。「大（おほ）まします」は「まします」へ「大」がついたのではなく、大座（おほまし）（すなわち、神か天皇の「います御座」）へ、「ます」（「在り」の敬称）が続いた形で、ちょうど「御座（ご）・あります」の語法である。

しかし、この「在り」の敬語の「ます」が、どうして「在り」の敬称になったか、執（と）らす・佩(は)かすの「す」がなぜ敬称なのか。これは階級意識の「ほめ詞(ことば)」からでは、解けない。結局、敬語は階級からだけは説きおおせないのである。

五　敬語の起原とタブー

無階級の社会の敬語

敬語の起原が、専ら階級意識の所産であるとのみでは解(と)けないことは、全然階級のない所にも敬語が発達しているからである。例えば、われわれの北隣のアイヌ民族は、王様もなければ、臣下もなく、大臣もなければ平民もない、四民平等、士農工商の差も、分業さえも未発達の、部落をあげて、どの家もただ太古さながらの漁猟(ぎょりょう)生活を営んでいた人々であった。僧侶(そうりょ)もなければ神官もなく、裁判官もなければ、弁護士もない。どの家の家長も、人が死ねば引導を渡し、家々で家長がみな神事を行う。狩猟と戦争が男子の仕事で衣食住の一切は婦女子の仕事であることは、どこの家も変りがない。然るにこの生活の中にも立派に敬語が存在するのである。

アイヌの言語

目上への言葉をアイヌ語では i-o-kur-ush-te itak（「物に・尻へ・影をつける・ことば」）、目下への言葉を u-wari-ekar itak（「互に・殖え栄える・ことば」）という。「影」（kur）を「付ける」（ushte）とは、露骨に、むき出しに言わず、含みを持たせて、わざと多義に言うことで、それが尊敬の情を表わす敬称の形となった。
物を（i）「殖やす」（ariekar）とは、どんどん殖え栄えて繁茂さす意味であって、もしも、あんまり好い言葉でいうと、悪魔もそれが好ましい故、そこへ振り向くから、弱い婦女子や子供等には危険である。それゆえ、わざと、粗末な言語を使う。それがすなわち、すくすくと生い栄えしめるゆえんだと考えているのである。

補註

そのために、可愛い「赤子」をも tennep「汚れている・もの」と言い、また shi-on-tak「うんこの・かたまり」と言い、また pon-shion「小さい・うんこかたまり」とも言う。旭川方言では shi-ush-pe「くそまみれのもの」とも言う。そう言うと、悪魔（目に見えないけれども空間にはたくさん邪魔をしようとする魔物がいっぱいいる）も、「おお、きたねえ！」と言って、さわらずに通過すると考える。それで、童名にシ「糞」のついた名が多い、シチャリ「糞をはっちらす」、シエ「糞を食べた」など。そのまま大人になって、尚シのついた名の人がたくさんあるのはそのためである。

目下への言葉、親称

そういう風にして、弱い婦女子や、幼い子等に悪いことば（赤坊などには特に悪称）を用いるのは、悪魔の障（さわ）りを避けて、健康に、どんどん殖え栄えて行かせるためにと、わざとそう言葉を使うのだという。

だから、目下へ使う言葉は、目下をさげすんで使う粗末な言葉ではなく、迷信的ながら、宗教的な、親愛の粗末な言葉なのである。いわば「親称」である。こういう宗教史的意識がいわゆるタブー（tabu）「禁忌（きんき）」である。

目上への言葉、敬称

親称がタブーから出ているように、敬称もまたタブーから出ている。どんな民族にも、古代に溯（さかのぼ）れば溯るほど、迷信的な禁忌の気持に出逢（であ）う。やかましいいろいろなタブーがある。その中でも、特にやかましいタブーの一つは、性のタブーである。男女のことに関したタブーである。それが如何（いか）に敬語の発生となるかを、われわれの手近にあるアイヌに見てみよう。

六　アイヌの妻女

肌のタブー

アイヌの婦人にも実にいろいろなタブーがある。そのうち、まず、どんなことがあっても、人前に肌を露出することが厳禁され、一人前の女になれば、前襟（まええり）や、おくみを縫（ぬ）い合わせて、前が開かないような成女着「モウル」といった衣服を着る。川を渉（わた）るにも裾（すそ）をかかげず、昔漁場でアイヌの女を風呂へ入れてやったら、成女着を脱がずに入ったと話の種になっている。授乳するにも、胸を開かずに、成女着の裾から赤子を入れて、その中で乳房を含ませる。だから日本の若い奥さんなどの汽車の中で胸をあけて授乳するのを見ると、自分の方から赤面して、目をそむける。

夫の名のタブー

それからアイヌの婦人は、夫の名を口にすることが絶対のタブーで、必要があって尋ねても、その妻が答えず、側の人に答えさせる。巡査が戸籍調べに来て戸主の名を尋ねても妻は口を急に閉じる。法廷で裁判官に問われても答えないので、しばしば問題をおこした。結局、誰かを目で探して、「あの人に聞け」と言って、その人に言わせる、世話のやけることだった。

婦人語から敬語へ

しかし、こういうアイヌ婦人より、まだまだ厳(きび)しい生活がある。フィンランドの蒙古語学の権威G・J・ラムステット（Ramstedt）の談によれば、蒙古では、人の妻は、どんなことがあっても、夫の名を口にすることができないのみか、夫の名が、虎吉だと、「虎」ということさえ言えない。ぜひ「虎」と言わなければならない時には、例えば、「まだらの毛皮の恐ろしい神」というように表現する。熊吉の女房は、「熊」といえず、「真黒な毛皮の神」というように言う。この習慣が重なり重なって、とうとう「婦人語」という特殊語の発生となり、小児は、婦人に育てられるから、知らず知らず婦人語をつかう。ここに妻が夫に使う言葉が、そのまま年少者が年長者に向って言う言葉になる。これがすなわち、敬語の起原である。それ故に、敬語というものは婦人語から起ったもので、その初めは性のタブーであったと。オット・イェスペルセンの「言語」(O. Jespersen : "Language") の「婦人語」の章にもこのようなことを言っている。(参照「言語」四三二—四六七頁)

七　アイヌの婦人語と敬語

婦人語と小児語

アイヌ婦人が、夫に対して影をつけて言う言葉が敬語(イオクルシテ)になった。年をとって、倅(せがれ)が成年男子になると、倅へも夫へ対して使った影のある言葉を使い、倅からは、妻へ対すると同様、乾いた言葉づかいをしても、親称であって、失敬にはならない。

アイヌの子供も、母の懐(ふところ)、母の膝(ひざ)の上に育って、自然に母の言葉を覚えるから、年長者に物を言うのは自然にその言葉になる。当然アイヌ部落も女性語と敬語とは切っても切れない関係が生ずる。

成人の相互敬語

成年男子は、お互に成年男子への敬語を使い合って u-wokurushte「相互敬語」という。首長同士ではもちろんのこと、家長と家長との間も相互敬語である。のみならず、親無し子の身が世話になって使われて成長した、いわゆる下男のような男と家長との間にも、互に相互敬語で、たとい主婦でも、女性だから、その男に敬語を、その男は主婦に、親称を使う。

一見、粗野の極致に見えるあのアイヌの親爺(おやじ)たちの、居流れて酒を酌(く)み交わす談話を聞いていると、お互に敬語の応酬(おうしゅう)をしているのに驚く。普通第二人称は eani「お前」であるのに、重々しく aokai「あなたさま」と言い、第二人称の「飲む」は、普通形 e-ku「お前が・飲む」であるのに、a-ku「あなたが・お飲みなさる」と丁寧に言っている。

敬称と謙称

こういう語形は、妻が夫に対して使う言葉と同じ形なのである。そして実は、この aokai は第一人称の複数形が二つある内の包括形（first person inclusive）、すなわち、「相手をも含めていう我々」という語なのである。この語をもって、第二人称の単数に用いて言うと、相手を、むき出しに指さずに、隠約の間に暗示的、諷刺的に察しさせる手段で、これが、一般敬語法の本則の一つのようである。

第一人称除外形

第一人称複数形の今一つはchiokai「われわれ」という。これは、「相手を含まないわれわれ」で、いわゆる第一人称複数除外形（first person plural exclusive）である。例えば、アイヌも和人もひとつに、われわれという時はaokaiといい、和人に対してアイヌたちでわれわれという時はchiokaiである。同じわれわれでもこの方は何となく「こちとら」と言ったような心持である。だから、第一人称単数にこれを使うと、すなわち、親爺が自分ひとりをchiokaiと言うと謙称に聞こえる。

昔から、通辞の書いた蝦夷（えぞ）ことばの本に、よく「私」をチョーカイと書いているのは、アイヌの親爺たちは、ひとりの時でもこう言ったものだから、複数と知らずに、この語を第一人称単数にしているのである。

同じく第一人称複数でも、単数に用いてかような謙称・敬称の語法を工夫し、同じ複数形でも、第一人称単数に、これを用いると謙称になり、第二人称に用いると敬称になる。隠微な、そして自然な語法上のこの技巧は、われわれ日本の敬語の起原を考えさせるものがある。

アイヌ語代名詞（　）内は敬語代名詞

人称	単数	複数
第一人称	kuani「おれ」 (chiokai「わたくし」)	chiokai「われわれ」(除外形) aokai「われわれ」(包括形)

第二人称	eani　「お前」 (aokai　「あなた」)	echiokai　「お前たち」
第三人称	ani　「かれ」 (okai　「あのかた」)	okai　「かれら」

八　アイヌ代名詞の構造

アイヌ語の人称

アイヌ語は、日本語や中国語とちがい、人称差別で語形変化をする。ちょっとヨーロッパ諸国語のようであるが、ウラルアルタイ諸国語などのように名詞にも人称別がある。

人称	動詞「聞く」	名詞「父」
第一人称	a-nu　「我聞く」	a-onaha　「我が父」
第二人称	e-nu　「汝聞く」	e-onaha　「汝が父」
第三人称	nu　「彼聞く」	onaka　「彼が父」

これは、雅語「ユーカラ」の語にいうことであるが、口語ではもっと詳しい。

「言う」と「言葉」の人称形

動詞「言う」itakと「言葉」itakiとが次のように人称接頭辞を取って変化する。

人称	動詞		名詞	
第一人称	ku-itak	「私が言う」	ku-itaki	「私の言葉」
第二人称	e-itak	「汝が言う」	e-itaki	「汝の言葉」
第三人称	itak	「彼が言う」	itaki	「彼の言葉」

人称接頭辞を取らない語幹の裸形が第三人称の語なのである。動詞でも、名詞でも。

「在ること」の人称形

「在る」という動詞は、不規則動詞（語幹が単数複数でちがう動詞）で、単数の語幹はan、複数の語幹はokaである。「在ること」の語幹、単数an-i、複数oka-iであるから、人称接頭辞を取ると次のようになる。

人称	単数	複数

第一人称	ku-an-i	「我が在ること」	chi-oka-i a-oka-i	「我等が在ること」
第二人称	ean-i	「汝が在ること」	echi-oka-i	「汝等が在ること」
第三人称	an-i	「彼が在ること」	oka-i	「彼等が在ること」

これを三二～三三頁の代名詞表と比較したら、すっかり一致することを見るであろう。それが偶然の一致でない証拠に、もっと細部まで一致する。「我等があること」が両形あるうち、chiokai の方は「相手を含めないわれわれの在ること」で、「こちとら」のような意味であるから、これを第一人称単数に使うと、謙称「こちとらの居ること」になる。a-okai の方は、「相手を含めたわれわれの在ること」で、これを第二人称の単数に使うと、婉曲になって敬称「あなたさまの在ること」の意味となる。こういう点まで一致している。だからアイヌ語代名詞は、こういう「我が在ること」「汝が在ること」「彼が在ること」といった句が、一単語化して「我」「汝」「彼」なる代名詞と見られるだけであって、

Ainu kune　アイヌで（私が）ある。

Shisam a-ne ｛和人でわれわれがある。
和人であなたがいらっしゃる。

で十分意味が達する。この上にさらに代名詞を用いて、

kuani, Ainu ku-ne
私は アイヌ で(私)す
aokai, Shisam a-ne
われわれは 和人 で(われわれ)す
あなたは 和人 で(あなた)いらっしゃる
ということもあるが、この時の文意は、
As for me, I am an Ainu.
As for us, we are Japanese.
As for you, you are Japanese.
と訳される気持である。
あたかも、ラテン語でsum、“I am”であるのに、それへ、「私」“ego”を添えてego, sum、“as for me, I am”の意味であることにそっくりである。

九 日本代名詞の構造

「れ」の意味

こういうことは、日本にもある。日本の代名詞の第一人称「わ」は、もと原始アルタイ語のba「われわれ」を単数「我」に用いて謙称「私」にし、da「汝等」を第二人称単数に用いてna「な」（もと敬称だった――「ながみこと」など）と言った。その「わ」「な」「か」だけで十分だったのを、「われ」「なれ」「かれ」など、「れ」が後に加わった。この「れ」はどういうものであったろうか。

このれは、やはり、もと「あれ」のついた句の已然形の語尾のれだったかもしれない。「われ」は、「わ（あ）れ」が一単語になったもの、「なれ」は「な（あ）れ」の一単語になったものであるであろう。起原は、この「在れ」の「れ」で、已然形であって一つの句だったことであろう。已然形というものは、古くは「已然の条件」を表わす形で、必ず、その条件のもとにある事態が下へ出て続く形だったから、

　家さかりいますわぎもを留めかね山隠りつれ心どもなし

後世は、間へ「ば」「ど」「や」などを入れて次のように言う。

　君いまさねば心どもなし

　百敷の大宮人はいとまあれや桜かざしてけふも暮らしつ

この順意接続には「ば」、反意接続には「ど」を入れなければ意味が通じがたくなるけれど、もとは、なくてその意味を表わしたから、そういう語気が、イディオムの上に残って、

　さもあらばあれ行かむとぞ思ふ

　折しもあれ雨降りいでて

古事記などにある「かくあれ」、すなわち「そうであれば」「それ故に」の意味に「かれ

（故）」というのも、この已然形の一用法に他ならなかったのである。

原日本語時代のこの「我（在）れ」>「我」は、アイヌ語の kuani「私は」、ラテン語の ego「私は」の意味に置かれる形である。英語なら "as for me" のような、むしろ副詞句的な句だったのが、単語化してしまって、原義は忘られて、代名詞と思われるようになった。

一〇　名詞の敬称

アイヌの意味

名詞の敬称は、まず妻から夫を呼ぶ時の語に「私のだんなさん」（kukor nishpa）、「私のアイヌ」（kukor ainu）がある。アイヌ語の ainu はもと、nishpa と同義の敬う言葉で、nishpa は「首領」、ainu は「長者」ということだった。家長と家長との交わす辞令を聞いていると、やはり互に「私の nishpa」と呼びかける。ainu の方は chiefman から man の意味に広がって、英語の man と同様に男をいう語になっているから、妻から夫を、また娘から父を、「私のアイヌ」（"kukor ainu"）と呼びかけて、尊敬の意味がある。

敬語としての「神」

極度に褒め賛える語に kamui「神」という言葉がある。kamui nishpa といったら極上の敬語で、昔松前の藩主を、Moshir kamui「島神」と言い、徳川将軍をEndo kamui「江戸神」と言ったのは、みなkamui nishpa「神なる首領」の意味で、アイヌは二語対句に松前公は“Moshir kamui, kamui nishpa”、将軍様は、“Endo kamui, kamui nishpa.”であった。簡単には、上半だけで呼んでいたまでである。

実名を避ける尊称

アイヌ婦人の、夫の名を呼ぶことがタブーだったその気持が、一般の敬称の上にも及んで来て、えらい人は本名を口にすることが避けられた。呼ぶ必要のある時は、その里の名を出して、「何村の住人」と、婉曲に呼ぶ。国後(くなしり)島の総乙名(ソウオッテナ)トキノイェ(Tukinoye)の長子のイコトイ(Ikotuye)は、釧路・厚岸まで領分にしてアッケシ・ウン・カムイ「厚岸・の・神」と呼ばれ、石垣の山砦(せんし)に住んだとてスマチャ・ウン・クル「石砦(いしとりで)・の・人」と呼ばれた。ユーカラのヒーローは、トメサンペツ(川の名)のシヌタプカという里の山砦の主であるので、その名がいつも、ただShinutapka-un-kur「シヌタプカ・の・ひと」、Shinutapka-un-mat「シヌタプカ・の・女」という。幼いヒーローが自分を養育する年若い一対(いっつい)の男女を、ただ「養兄」i-reshu-yupi(「我を・育てる・兄」)、「養姉」i-reshu-sapo(「我を・育てる・姉」)と呼ぶだけで、中に本名が一向に出て来ないから、本名が皆目わからずじまいである。おまけに、養兄と養姉とが、幼いヒーローの実の兄と姉となのか、あるいはまた、夫婦なのか、兄妹なのかさえ、解らないという残念な結果になっている。

補註

一　日本にも、夫の名は呼ばずに「わが背子（せこ）」以来「わが夫さま」「だんなさま」、他へ向っては「宅」「うち」「宿」「うちの人」、呼びかけには「あなた」など言って、西洋婦人のようにジョンだのトムだのウイリアムなどのように太郎さん、次郎さんだのとは呼ばない（もっともハイカラな奥さんたちはもうタブーから完全に解放されて呼んでいる）。何かむき出しに本名を呼ぶことが久しい間タブーだったらしい気配（けはい）が理解できる。

すべて貴人は、河原（かわら）の左大臣だの、桐壺（きりつぼ）の女御だの紫式部だの清少納言（せいしょうなごん）の類（たぐい）に呼んだために、本名が解らなくなった不便のもとの意味もよくわかる。

二　「み」「おほ」「高」は、名詞へつく美称接辞で、動詞へはつかないはずなのに、「高てらす」があるではないか。これはどうかという説が出るかもしれないけれど、この高は、名詞で、「高く」ではなく「天」である。現在でもそういうふうに用いる北国方言がある。

天てらす

高てらす

は全（まった）く同じ意義用法で、「空に照り給ふ」の意味から「日」を神格化した表現であろうと思われる。アマテラスオオミカミなど。後には「天てらす」の語義が「天を照らす」と、他動詞に考えられて来たが、原義は必ず敬語動詞だったはずである。

一一　結論

敬語の有無

敬語の段階が幾段もあって著名なのはジャヴァ語であって、敬語のあるのが優（すぐ）れた言語とも言えないし、英語やフランス語にはないから、ないのが下等な言葉だとも言いがたい。

敬語のない地方

日本の方言中、関東の周辺から奥羽の入口にかけて殆（ほと）んど敬語のない所がある。「ございます」の崩れたゴザンス・ゴアンス・ガンス・ガス・ゴスなど宮城以北にはそのどれかがみなあるのに福島県下に、ゴスもガスもない。僅（わず）かにあるのは、「そうだな」「こうだな」は、弟や妹に言うが、「そうだなイ」「こうだなイ」は、父や母にもいえる丁寧な形で、目上の人へいう言葉づかいだと。つまり、「さようでございます」も、ただ「そうだなイ」である。

同じようなことを群馬に、やはり敬語が全くなく、僅かに、父や先生には、「そうか」の代りに、「そうかい」と言って、「い」を添えるのが丁寧な語気で、ただ一つの敬語だというのを読んだことがある。文部省から出た群馬大学教授山崎久之氏の「敬語とその教育」だったかと記憶する。

栃木県下にも同様に、全然敬語を知らぬ壮年者に逢って驚いたことがある。純情で、厚意があふれるので、ちっとも腹が立たなかったが、言うこと、言うことが、まるで私が彼に使われるものになったような語気だった。

茨城や千葉県の一部にも敬語のない地方があるらしい。みな一様の事情下にそうなっているものであろうか。

どうして失われたか

私は、これをもって、これらの地方に全く粗野で、天真のまま少しも敬語というものをもたずに来たのだとは信じない。「さん」だの「ちゃん」だのがある以上、また、「そうだス」「これサ」などのス・サは中世の「さうらふ」「そうろう」（候）の崩れであるから。それ故政治の中心部から遠く、高い地位の人ともあまり接する機会のない僻地（へきち）で、毎日話すのは、肉親や村人だちの親しい間柄だけだから、「親称」がだんだん「敬称」を吹きとばして「なあ！」「おい！」の「水入らず言葉」ばかり使うようになったせいであろうと思う。が、それかといって、これからの世に、この地方人だけはそのままで通すがよいと言うのではない。

敬語教育の必要

封建時代の世が一変して、日本中が昔の一藩のようにまとまってしまった今日、全国民が一堂に会して物を言う機会が、多くなってきた。どうしても中央の言葉を全国民が使わなければならなくなったから、中央へ出て、笑われて、意志疎通を欠くようなことの生じないように、どうしても最少限の敬語は、ぜひとも、どこの地方の人も身につけなければならない。

中学を卒業して会社へ入社試験を受けに行って、もしも電話がかかって社長がお留守ですかときかれた時、「ハイお留守です」がよいか、「ハイ留守でございます」がよいか、ぐらいを知っていなかったらダメ。玄関へお客が見えて「ご主人がいらっしゃいますか」ときかれても「ハイいらっしゃいます」が正しいか、「ハイ居ります」が正しいか、どうしても、これからの人は、社会に出る上に、日本人だったら、ちゃんと知っていなければならないのである。

それは起原はタブーなどいうものから出たものではあるが、このような、原始的意識は、社会の進化につれて、だんだん進化して、より高いもの——礼儀——へ取って替って生きて来たのである。即ち、低い宗教意識下にあったものが、向上して倫理的意識をもって生れ代って、社交上の潤滑油、もしくは社会人としてのたしなみ、必要なアクセサリーと化して来たのが今日の敬語なのである。

言語芸術の名品

いわば、「日本の敬語」は、古代の素朴な迷信が、高い美しい面へ順応、深化したものであり、またそれは社交的に向上した日本の民衆が力をあわせ、国語を精練して造り上げた言語芸術の愛すべき名品なのである。

名品といっても、特定の人の床の間の飾りにおく名品とはちがい、誰でもいつでも自由に使える実用の名品である。時として、とある電話口に、後向きの婦人の口から流れ出る日本の敬語の、よく届いて寸分の隙もない時の美しい言葉に、覚えず打たれてうっとり聞き入ることがある。

もちろん、親しい同士の男学生の適度の親称と敬称と交互して隔てない会話の続くのにも、その好ましさに聞きとれることがある。

やっぱり日本人らしさが、いっぱい染みこんで出来ているもので、われわれには捨てがたい。そう感じる点は、われわれの国土、われわれの民族、われわれの歴史に対して抱く愛情と同じものが感じられるからであろうか。

第二章　起　原

どうして日本の敬語が起ったか

一　原日本語と敬語法

原日本語と原アルタイ語

原日本語時代に、やはり、複数形を単数の場合に用いて敬意を表わす語法が発生した。そのために、原日本語時代、もう日本語に、単・複の別が無くなって今日に及んだものだ、ということを、代名詞について、アルタイ語学の世界的権威であったG・J・ラムステット博士が説かれた。その説に拠ると、こうである。

原日本語の母胎である原アルタイ語の第一人称単数は、“bi”（「われ」）、複数は“ba”（「われわれ」ただし、相手を含まない「われわれ」）及び、“bi-de”（「われわれ」ただし、相手をも含めた「われわれ」）と二つある。おそらくは、日本語の「わ」（wa）は、この「相手を含まないわれわれ」のbaをば（今日「私」を謙遜して「私ども」と言うことがあるように）、単数の意味に用いたのがもとであったろう。こうして複数を単数に用いたために、原日本語に、もうすでに代名詞の単数・複数の別が無くなりはじめたものであろう。またこうしてb音が原日本語にw音に変じたから、それで、日本語にバビブベボではじまる語が無くなったわけであり、同時にdもy（及びn）になるから、上代日本に濁音にはじまる語がなくなったのであったと説破された。

後に東大の服部四郎博士も、その専門の立場から、この説を裏書きされ、進んで第二人称の上代の「な」（汝）を、原アルタイのtaに比定された。*（「蒙古とその言語」二二六頁参照）

*このことは、小さいようで、実は、我が東洋比較言語学上、画期的な発見である。ラムステット（Gustav John Ramstedt, 1873–1950）博士は、著名な東洋言語学者で、第一次ヨーロッパ大戦後、独立国となったフィンランド国の初代の公使として日本へ駐在した人である。彼は非常な親日家で、滞在中、熱心に日本語の研究、特に日本語と朝鮮語との関係、さらには、この両国語のアルタイ語系説を熱心に提唱した。その結果日本語は、原アルタイ語から直接に分れた言語であって、決して、朝鮮語から出たものでもなく、満州語から出たものでもなく、またモンゴル語から出たものでも、トルコ語から出たものでもない。これらがまだ一つだった原アルタイ語というものがあって、それから、これらの諸言語がそれぞれ分れたように日本語も分れた古い古い言語であるということを唱え出した。博士はアルタイ語学の権威で、特に蒙古語学の第一人者であり、「原アルタイ語」の研究があって、その一端をわれわれにときどき漏らされた。博士がこの説をたてられるまで、日本の言語学者は、日本語がアルタイ語から出たものだろうとは信じていた。しかしそれにしては、代名詞・数詞に、もっと似寄りがあって然るべきなのに、あまりに異っていてちょっと結びつかなかったのが疑問だった。それを該博な知識からこうして一ぺんに、日本の「わ」（我）が、日本語の唇音退化の傾向から破裂音のbから、摩擦音のwに変っただけで、ぴったり、原アルタイ語（今のブリヤート蒙古語は、最もその面影を存する）のbaと一致すること

が発見された。同時に、原アルタイ語にあった単数、複数が日本語になくなって、そしてそれが、敬語法に発達したという見事な説明がついたばかりでなく、原アルタイ語にあったはずの濁音dbが、原日本語になくなった過程をも一ぺんに説明されたものなのである。bがワ行になると共に、dがヤ行になったから、「夜」「夕」「四つ」「八つ」など原アルタイではdであるのに、日本語では、何れも yo yu yo ya となっている。こうして、dではじまる濁音も、原日本語時代になくなって、日本語が、アルタイ語と分れたのだと説きおおせられたものだった。

ついでに、日本語の古形を存すること最も古い琉球方言中の宮古・八重山方言では、今でも、ワ行をbに発音して、わ（我）をba、わかさ（若）をbagasa、わかぎ（若木）をbaga-kï、わすれる（忘）をbasïkiruy、「鷲」をbasï、「渡る」をbadaruy、と言い、また、ヤ行をdに発音して、「家」をda、「病み」をdamï、「病む」をdamuy、「夕飯」をduï、「夕方」をdusabi（ゆうさび）、やま（山）をda:ma、よめ（嫁）をdumï、「弱い」をdosay等々言うことなども、深く参照させられる。こうして、ラムステット発言によって、ぐっと日本語とアルタイ語系とが接近したものだった。

二　第一人称の包括形（相手をも含んだ「われわれ」）は、モンゴル語でbi-deという。bi「我」とde「汝」との合成で出来た形であることは、通説であるから、「汝等」taもdaが原形ではあるまいか。さすれば、上代日本語の第二人称「な」は、d->n-であって、やはり、英・仏・独語のように、複数形を単数に用いた敬語形だったことを知る。こうして第二人称も、数の区別が敬称の区別に成りかわって日本語が出来、また、濁音dがyやnになって姿を没したのである。

二　上代日本語の敬語法 (一)「ます」考

敬語発生の秘密

上代日本における敬語を見ると、上代では次の三つの方法で敬語法が出来ていた。

第一、動詞自身にすでに敬意を伴っている「敬語動詞」。

第二、その敬語動詞の助辞化して、まだ原形も原義もそのままであって、完全には助辞化していない「敬語補助動詞」。

第三、全く助辞化した「敬語の助動詞」。

以上三つの方法のうち第三の完全に助辞化したところの敬語助動詞は、ただ一語、四段活用の未然形へ付く四段活の「す」があるだけであって、ほかは第二の「補助動詞」及び第一の「本来の敬語動詞」そのものが役を果している。それで、この三つの語法の根原を明らかにすることが、どうして日本語が敬意を表わす形を発生したかを明らかにすることで、日本の敬語法発生のほのかな秘密が、この上代語法の研究から解けそうで、興味の深いものがある。

上代敬語動詞の根本

さて、上代の敬語動詞の根本は、どうしてできたものであろうか。

すでにラムステット博士が言われたように、原アルタイ語第一人称単数がbiで、複数がbaだった。このbaがwaとなって、日本の第一人称代名詞となったが、人称代名詞が、「有る」、「在る」という動詞の名詞法と関係のありそうなことは、印欧語でもいくぶんそう疑われているが、アイヌ語などでは、はっきりそうである。[*1] 原アルタイ語「われ」がbiで、「有る」という動詞の単数もbiである。日本語はそのb-をw-に変じて「居る」のwiができているのではないか。「居る」の敬称の「座す」(ma-su)のmaは、baに関係ある複数の「在る」だったのではないか。それが「在る」の敬称になったものであるから、連用形「まし」が第二人称代名詞「あなた」にもなったのではあるまいか。[*2]

「在り」の敬語形の「ます」は、そう解釈することによってのみ解釈でき、それ以外には、どうして「ます」が「在り」の敬語になり得たか、解釈できない。なおこの推断は、もう一段の確めを必要とするが、baが余格にはma-になるし、[*3] 現に古代第一人称の「まろ」がある。

＊1　アイヌ語の「私」kuaniは、ku-an-i「わが・在る・こと」(第一人称の「在り」ku-anの名詞形)である。「汝」eaniは、e-an-i「汝が・在る・こと」(第二人称の「在り」e-anの名詞形)であり、「彼」aniは、an-i「彼在る・こと」(第三人称の「在り」anの名詞形)である。「在り」は不規則動詞であって複数の語幹はokaである。それで第一人称の複数「われわれ」はa-oka-i(日高方言ではaoka)、「汝等」は

echi-oka-i（日高方言 echi-oka）、「彼等」は oka-i（日高方言 oka）である。

＊2　万葉集巻十四に、この川に朝菜洗ふ子、麻之も我も千代をぞもてるいで子たばりに（三四四〇）

＊3　カストレン（M.A. Castren）によれば、生格 manai, 与格 manda, 役格 mani, 奪格 manaha, 具格 manar, 共格 mantai である。

敬語動詞の根本が「ます」

「在り」の複数形だった「座(ま)す」が、単数に用いられて敬語になり、「おいでになる」の意味になったとするならば、原日本語の動詞の敬語形がすべて解けて来る。

それというのは、まず「在り」の敬語の「ます」が敬語補助動詞化することによって、すべての動詞がみなこれを付けて敬語形を作る。「立ちます」「佩(は)きます」「取ります」（以上、四段活）「起きます」「出でます」「受けます」（以上、二段）「見ます」（一段）「来ます」「します」（変格）の類(たぐい)である。

いわゆる助動詞「す」

次に、上代ただ一つの敬語助動詞「す」（四段）の起原も、解けて来る。世間の記述文法では、この「す」をば、『四段活用の未然形につく助動詞「す」』と説くけれど、なぜ四段活用にだけつくのか、その理由が説かれていない。なぜ未然形へつくのか、その理由も説かれていない。

いま、これをほかではない補助動詞「ます」が、あらゆる動詞の連用段に結合したもので、結合した形が久しくつづけて呼ばれているうちに、m音の脱落を来たした音韻変化の結果だと見ると、二つの疑問、なぜ連用形でなく未然へ付くか、なぜ四段の動詞へだけ付いて他へつかないか、が一度に解けて来る。それは次の通りである。

「ます」から「す」へ

上代日本語は、母音を二つつづけて発音することがなく――従って（或いはそのために）上代日本語に重母音というものは無く、あらゆる音節がみな単母音であった。これはアルタイ語族一般の特色であったから、原日本語もそうだったろうことは疑う余地がない。それで、もし、二母音がうちつづくと、㈠前の方の母音をおとすか、㈡後の母音をおとすか、もしくは、㈢両母音の中間の母音に歩み寄るかによって、単母音に発音してしまう。これは上代日本語の顕著な特徴の一つであった。橋本進吉博士もかつてこの事に触れられた。ただその理由を母音音節の発音は弱かったからそうだったろうというように論ぜられて、説明の仕方はちがうが、単母音化する事実を、一般的傾向と見られた点は同じである。（国語と国文学一七年二月号『国語の音節構造と母音の特性』参照）

古代語にm音の脱落した例

例えば――

手向け—たうげ（峠）　ta*m*uke＞tauge
日向—ひうが（国名）　fi*m*uka＞fiuga
ふもだし—ほだし（絆）　fu*m*odasi＞fodasi
ふみびと—ふびと（史）　fu*m*ibito＞fubito
ふみ手—ふで（筆）　fu*m*ite＞fumde＞fude
大座座（おおましま）す—おはします　ofo*m*asimasu＞ofasimasu
おもほす—おぼす（思）　o*m*ofosu＞obosu
おもほゆ—おぼゆ（覚）　o*m*ofoyu＞oboyu

の類である。その様に、例えば、

立ちます—立たす　tati-*masu*＞tat'asu
取ります—取らす　tori*m*asu＞tor'asu
行きます—行かす　yuki*m*asu＞yuk'asu

となったのを、従来の文法は、これをa音から続くゆえ、「四段活用動詞の未然につく」と言うのである。上二段活や下二段活にはa段がないゆえ、例えば、受けます ukemasu のmを、もしも落とすと、母音eとaとがつづく。二母音がつづくのを、嫌ってeを落とすとuka となってしまって、受け、け、く、くる、くれと活用する「受ける」という語には聞こえなくなる。それで原形を保存して受けますと言っているのに他ならない。上二段「起きます」も、もしもmを落とすと「起かす」となって、オカスでは起きるという語に聞こえなくなるから、落とすことができず、常にますの原形を保存するのである。「出でます」「過ぎます」「見ます」「来ます」みな、そういうわけで、ますがそのままの形を保つ。それで、助動詞「す」は四段にのみ添うと説かれるわけになっているのである。

います

「ます」の合成語の第一に、接頭辞「い」を取った「います」（四段）があって、奈良時代語には、これも「ます」と同義に沢山用いられた。「行く」と「い行く」また「向ふ」と「い向ふ」のようなもの。

あかときのめざまし草と此をだに見つゝ座而(いまして)吾と偲ばせ（三〇六一）

大君は神にしませば雲隠る雷山に宮敷き座(いま)す（二三五）

今の語の「いらっしゃる」もそうであるように、「います」も、存在の意味から「行く」意味にもなっている。

大船を荒海(あるみ)に出だし伊麻須(います)君つゝむことなくはやかへり麻勢（三五八二）

たくぶすま新羅へ伊麻須君が目をけふかあすかと斎ひて待たむ（三五八七）

第二人称代名詞の「汝(いまし)」はこの「います」の連用形である。「坐(ま)す」から出た「汝(まし)」同様に、もと「在り」の複数形を、単数に用いることによって「おいでなさる」という敬称になり、それの名詞形が「あなたさま」となったが、慣用久しきにわたって敬意が薄らいだために、目下に使われるようになったが、元は、相手を敬って言った代名詞であった。丁度、敬意のない「在（あ）（り）」（「居（る）」）の方が「あ（吾）」（「わ（我）」）となって、自称代名詞になったのに対する。

みまし

これもまた、やはりこの「ます」の連用形「まし」へ、美称接頭辞の「み」のついた「みまし」であって、「いまし」と同様に第二人称代名詞に使われていた。

もちろん、「み」は名詞の接頭辞であって、動詞へはつかないゆえ、「みます」という動詞があるのではない。

またこの代名詞は、やはり語原は複数形の単数に用いられたものであるから、古意は第二人称代名詞の複数形並びに敬語形だった。

貴人の座する所、または、その坐するところの敷物を、「大座（おほまし）」また「みまし」と言って、書紀の訓に次の如く見えている。

● 神代紀上於二新宮御幸（ミマシ）之下一云々、日神不知、径坐二席上一（タダチニヰタマフミマシノウヘニ）
顕宗即位前紀、不レ即二御座（ミマシニ）一

また新勅選集に、

木の下に又吹き返す唐錦大宮人にみまし敷かせむ

今いう茣蓙（ござ）は、「みましのむしろ」、後に「ご座のむしろ」、すなわち「ござ」（茣蓙）である。

まします

これは「ます」の重語形で、上の「まし」は連用名詞の「御座」、下のは動詞「在る」の敬称であるが、こう組み合わされては、下は「動詞の助辞化」すなわち「補助動詞」と言ってよかろう。こうすることによってただ「ます」と言うよりは敬意が加わる。万葉には見えないが、書紀の訓から見え初めて祝詞にもある。

おほまします

最高の存在の意味で、天皇や神様にそう用いられる。

もちろん「おほ」（その省略形の「お」も）は、「み」と同様に、名詞へつく美称の接頭辞であるから、動詞へつくはずがなく、名詞「座（まし）」へついて最高度に敬意を表わした「大座（おほまし）」へ「在」の敬意の「ます」が、下についた形であって、神や天皇に申し上げる語だった。

（続紀四、慶雲）四年七月天皇（元明）位に大極殿に即く、詔曰、

天豆日嗣之位者、大命尓坐世大坐坐（オホマシマシテ）而治可レ賜、

（続紀卅巻、天平神護四年）冬十月詔

朕波御身都可良之久於保麻之麻須尓依天云々

（続紀廿七、天平神護二年）十月詔、

如来の尊き大御舎利は云々

大御形毛円満天（タラハシテ）別好久（コトニヨク）大末之末（オオマシマ）世波云々

おまします

「大座（おほまし）」の短く省かった形の御座（おまし）（御座所（おましどころ）また、そこの敷き物のこと）へ、今ひとつ「ます」がついて、「おまし・ます」という形もあった。奉レ入二斎内親王一時の祝詞に、

皇御孫尊云々常磐堅磐尓平計久御座（オマシマ）座さしめむと

平野祭祝詞に、

天皇（スメラ）が御世を云々万世に御座令（オマシシメ）レ在（マサ）たまへ

古今集八、離別に、

「仁和の帝、皇子におましましける時」

おはします

書紀にも、訓の振仮名には、もう「御」「幸」を「おはします」と訓じている所がある。

雄略紀元年三月、天皇御（オハシマス）二大殿一

天武紀下七年四月、不レ得二幸（オハシマスコトヲ）行一

もっともこの訓は平安時代の訓かも知れない。古い所は、「おほまします」と訓ずべきものではなかろうか。

竹取、いづれ劣り勝りおはしまさねば

これが、「給ふ」のように敬語助動詞様になってしまう。すなわち、

拾遺集五、賀、天暦の帝、四十になりおはしましける時……

補註一

おほまします（ofomasimasu）から二つの形が出た――

ofomasimasu＞omasi*masu*――omasu

of*o*masimasu＞ofasi*masu*――ofaasu

こうして、「おます」「おはす」は生じたが、別に「みます」という形は出なかった。それだのに、「みまし」がある以上、その終止形「みます」もあるかに思われることがある。しかし「みまし」は連用形の名詞「御座（まし）」へ「み」がついて生じた形であって、「みます」という動詞の連用形名詞ではないものである。

補註二

「ます」がすべての活用の動詞につく実例。

四段についた例。

　菜摘ます子（一）

つゝむことなく早還りませ（三五八二）

笑みて立ちませる見ゆ（三八一七）

すめらぎの敷きます国の（四一二二）

大君の敷きます国は（四一五四）

上二段、下二段活用についた例。

　惜しき命を露霜の過ぎましにけれ（四二一一）

田は植ゑ麻左ず（三七四六）

梅の花咲ける月夜に出で麻佐自とや（一四五二）

一段活用についた例。

あがころも下にを著麻勢（三五八四）

まそ鏡見座（みませ）わが背子（二九七八）

変格活用についた例。

あした行きて夕は来座（きます）君故に（二八九三）

我が恋ひし君来益（きます）なり紐解きまけて（一五一八）

久方の天の河瀬に船浮けてこよひか君が我がり来益武（きまさむ）（一五一九）

「ます」が接頭辞「い」をとって「います」は特に、「在る」だけでなく、また敬語の「行く」「来る」であった。

恙（つゝみ）無く幸（さき）く伊麻志（いまし）てはや帰りませ（八九四）

大船を荒海（あるみ）に出だし伊麻須（います）きみつゝむことなくはやかへりませ（三五八二）

たくぶすま新羅へ伊麻須君が目をけふかあすかと斎（いは）ひて待たむ（三五八七）

君はこの頃うらさびて嘆かひ伊麻須（四二一四）

船艫に御立座（みたちいまし）て（四二四五）

二　いませ

いますの使役相、下二段らしく、

ひと国に君を伊麻勢ていつまでか我が恋ひ居らむ時の知らなく（三七四九）

望の日に出でにし月の高々に君を座（いませ）て何をか念はむ（三〇〇五）

祝詞などにもあって、「いまさしめ」の意である。「いまさしめ」が一度に「いませ」となるとも考えられず、はっきりしない。まだ「いまさせ」の「せ、せ、す、する、すれ」という語が生じない時代に、早くこういう形が出ているのである。「いまさしめ」からならせいぜい「いまさせ」とはなれるが、それもはっきりしない。

　麻都呂倍乃　牟気乃麻爾麻爾（四〇九四）

ひと国に　君を伊麻勢弖　いつまでか　あが恋ひ居らむ　時の知らなく（三七四九）

これらのまつろへ（まつろはせの意）、向け（向かはせの意）、いませ（いまさせの意）などの形がある。

　使役の「せ」「せ」「す」「する」「すれ」（「させ」「させ」「さす」「さする」「さすれ」）は、やはり平安時代の助動詞で、奈良時代は、「しめ」「しめ」「しむ」「しむる」「しむれ」など動詞の語尾へ結びつけて使役動詞を造るときに、語尾の故に、早くすれきれて「せ」になってしまったのではないか。「衣着せましを太刀佩けましを」は何としてもそう見なければ解けない形であるし、「知らしめ」を「知らせ」というのも同様である。

　父母に不仲知子（しらせぬこ）ゆゑ三宅路の夏野の草をなづみ来るかも（三二九六）

　故もなく我が下紐を令解（とけしめ）て人莫知（ひとになしらせ）たゞに逢ふまで（二四一三）

ただし前者は「しらしめぬ」とも訓めるし、後者は「ひとにしらすな」とも訓まれる。だから万葉時代に「知らせ」があったかどうかわからない。「所知」をも好去好来歌では

　千代累ねいやつぎつぎに所知（しらし）来る（四二五四）

と訓じている。それでは四段活である。

「知らせ」でも「知らし」でもなく、所知はむしろ「知らえ」と訓むことができて、「世に知られて来た」と訳する方が穏やかであろうから、このところ万葉時代に「知らせ」という語形があったかどうかは、実はまだはっきりしない。

三　上代日本語の敬語法㈡「せす・けす・めす・をす・なす・こやす」考

六つの敬語動詞

以上、上代の敬語法の第二（補助動詞）と第三（助動詞）の成立の秘密を説いた。次に、第一の上代語特有の六つの敬語動詞「せす」（なさる）、「めす」（ごらんになる）、「けす」（着られる）、「なす」（お寝になる）、「をす」（おあがりになる）、「こやす」（お臥しになる）の成立した秘密を考えてみよう。

実は、これらもみな、「ます」が活躍したわざである。それはどうしてか。

「身近かな動詞」

まず、「在る」「する」「見る」「食ふ」「言ふ」「着る」「寝る」「聞く」「思ふ」などいう動詞は、動詞のうちで、最も親しい身近かな、殆んど毎日毎日使う動詞である。そういう動詞をしばらく「身近かな動詞」と呼んで一般動詞から区別をすると、「身近かな動詞」は、どこの国でも、とかく不規則動詞である。なぜか。毎日使うゆえ、形がすれ切れて短くなるということもあるが、またまれにのみ使う動詞は、一般動詞に類推して使われるから規則動詞になりがちなものであるに反し、身近かな動詞は毎日使われてその形が記憶されて忘れられるひまがない。それで一般動詞が、時代のままに変遷(へんせん)しても、それへ類推されずに残るから古形を存して不規則動詞の群を作ってしまうということもある。だから英語でも to be, to do, to eat, to sleep 等々は不規則動詞である。

それで「為(す)る」「見る」「着る」「居(ゐ)る」「寝る」「臥す」の敬称形は、それぞれ「せす」「めす」「けす」「をす」「なす」「こやす」という。これらは、身近かの動詞で毎日使われるために、大方その前後のつづきでもわかるから、「ます」を連ねて呼んで少しぐらい音が落ちても、それを推(お)し通して使いこなされたために、一般の一音動詞が「ます」形で規則化する間に、これらのみは不規則群をなしたものと察せられる。

すなわち為(す)るの連用形「し」へ「ます」がついてmが落ちると、si-*masu*＞*si-asu* となって、母音iとaとが二つつづいたが、(一)に従って（前のiを落として）は、sa-su となって「為(す)」の活用にない形となるから、別語に思えていけないから、前のiとあとのaとが両方から歩みより、中間のeに落ち合って *si-asu*＞*sesu* となって僅(わず)かに、「せ、し、す、する、すれ」という動詞へ連合をたもったものに他ならない。

「見ます」mi-masu も同様、*mi-asu*＞*mesu* とeに歩み寄って、「見」へわずかに連合をたもって成り立ち得たもの。「着ます」ki-masu＞*ki-asu*＞*kesu* も同様に、「け」に落ち合ってできた。

「をす」「なす」

「をす」と「なす」は少しちがう。「なす」の方は「寝(ぬ)」の連用へ「ます」がついて ne-masu、mが落ちて ne-asu と、二母音eとaがつづくので、eが少し広くなるとaになるより仕方がなくて、「な・す」となったから、かなり活用の原形を壊したが「いをしなせ」「うまいしなさぬ」のように「い」と連絡するゆえに、了解が可能で成立したものであろう。

「をす」の方は、奈良時代には「食」の意味になっていたので「をす国のまつりごと」などいう時にも「食国」と書かれたが、「食」の意味が生ずる前には「支配している」とか、「治(おさ)めている」とかいう意味だった。その前には「居る」の敬語、「居給ふ」から「治めて居給ふ」「自由に支配し居給ふ」「食し給ふ」となったのであるから、原形は「ゐます」wi-masu だったはずである。mが落ちて wi-asu と両母音iとaがつづくと、前の諸例では、みなその中間音eとなって、「めす」「けす」「せす」となったのに、これは wo-su となったのはなぜか。おそらくそれは、子音のw音が唇音であるために、その影響で、唇の作用のある中間音oの方に落ちついたものである。そういう例は他にもある。「をり」（居）は、もとより「居(ゐ)・有(あ)り」wi-ari であって、iとaとが続くから、中間のeになる（「行き・あり」>「行けり」、「しあり」>「せり」、「見・あり」>「めり」のように）かと思いのほか、wo-ri（居り）となった。これもw音に引かれて円唇連動がちょっと加わったために、oになったものである。

「思ほす」「織ろす」

もっとも、少し形のちがった「思ほす」「織ろす」があって、やや例外である。しかし、これらは何れもやはり同じ「ます」の複合にほかならない。ただ語幹がオ列音で語尾の母音を同化したまでである。丁度他動化の「およぼす」（「及ばす」から）、「ほろぼす」（「ほろばす」から）のように、思はす＞思ほす、織らす＞織ろすと変化したものである。

「聞こす」「知ろす」

本当の例外は、「聞こす」「知ろす」である。これは語幹の母音はイ列であって、同化してるわけではない。それで、今までよくこれは、「思ぼす」に類推してオ列でないけれどもオ列の「聞こす」「知ろす」となったものだろうと見られるけれど、その「類推」は少しむつかしい。私の考えでは、「ます」と同じような意味の「をす」（「在り」の敬語）が結合して、「聞きをす」＞「聞こす」となり、「知りをす」＞「知ろす」となったものであろうかと思われる。「をす」が「めす」の如く補助動詞化して、もう一ぺん結合して、「聞こしをす」「知ろしをす」が、「聞こしめす」「知ろしめす」の意に用いられもするのである。

「賜ふ」について

上代語（奈良時代語）特有の敬語動詞に、以上述べたもの以外に、全く異(ことな)るもうひとつ特殊なものが、「与える」の敬語であるところの「賜ふ」（及び「賜ぶ」と）である。それでは「たまふ」は、もとどういう意味の語であったろうか。上代日本語の敬語法は要するに「座(ま)す」と「給ふ」との二つであったのである。

ただし、「たぶ」が元で「たまふ」ができたか。「たまふ」が元で「たぶ」ができたか。㈠「たぶ」がもとで、「たまふ」が、それを延言にして成立したとする説もあるようだが、それなら、中間形の「たばふ」があって然るべきだが、まだ出逢(であ)わない。㈡「たまふ」がもとで、「たぶ」は、それからできたか。それなら、

tam*a*-fu＞tam-bu＞ta^{m}bu（＞tabu）

となったことを想像すれば、ありえないことではない。かつ、たべる（食）という今の語へすぐつらなる形で、どうも「たぶ」の方がむしろ新形であるようだし、音韻(おんいん)上の説明も、この方が全然無難である。「たぶ」と書いても、実際は ta-^{m}bu と発音したものだったので。意味の方も、四段活の「たぶ」は「たまふ」と同義だが、それから出た下二段の「たぶ」は、中世下一段になったもので、「下さる」「いただく」「食う」意味になって今日の「食べる」が出て来たのである。

「たまふ」の本義

さて、一番もとの「賜ふ」は、上から下へ「与える」意味、換言すれば「やる」意味で、それが補助動詞化して「し給ふ」が「なさる」意味、「見給ふ」が「ごらんになる」意味、「帰り給ふ」は「おかえりになる」意味となる。

その行為は、㈠目下の、恩恵になる側から言えば、「して・くださる」「見て・くださる」「帰って・くださる」であり、㈡目上から言う「たまふ」は、単に「する」「見る」「帰る」でしかない。あるいは、㈢「して・やる」「見て・やる」「帰って・やる」でもある。そうして敬称形を成すのである。

いわゆる尊大語

㈠の方の意味はあたりまえであるが、後の方の意味はちょっと気づかない。しかし、例えば天皇のなさることを、天皇が、御みずから下へ向って仰せられる時は、「上のものが、下のものへする語」――敬語形――で仰せられることだったのである。すなわち、天皇が、ご自身「驚き悔んで居る」と仰せられるのに、

驚賜比悔備賜比大坐須（続紀第五十八詔）と、のたまうものだった。

「われは悲しみ、しのんで泣いている」と仰せられるのに

「朕波悲備賜比之乃比賜比大御泣哭川川大坐麻須（同上）

とお表わしになってある。これも㈡の「たまふ」である。

平家物語の中の「給ふ」

後になるが平家物語の大原御幸の条(くだり)で、後白河法皇が、久し振りに、昔の阿波(あわ)の内侍(ないじ)をごらんじた時のお言葉にも、こう仰せられる——

「御覧じ忘れさせ給ふぞかし。何事につけても、たゞ夢とこそ思し召せ」

口訳すれば、

「わしは見忘れてわからなかったぞ。何事につけても、ただ夢みたいな思いだ」

にほかならない。

平維盛(たいらのこれもり)が、壇(だん)の浦から逃げ帰って、紀州から、家郷のものへの伝言でも、自分へ敬語をつけ、義経(よしつね)がその臣との間の談(はなし)にも自分へ「給ふ」をつけていっている。

今日の言葉でも、お母さんが、子供に向って自分へさんをつけて「お母さんがして上げましょう」など言うにも似たことで、目下の心になってその言葉づかいをするまでであり、「尊大語」というよりはむしろ親愛の情から発する表現であることを思えば、天皇のお言葉に「給ふ」をおつけになることも決して不可解なものではない。

補註

宣命や祝詞の終りの「諸聞食止宣」の宣もそうである。本居宣長(もとおりのりなが)翁の訓、「もろもろ聞こしめさへとのる」は、よく「諸聞食」の下に「閉」が小字で入っていて「聞食閉止宣」とあるので、「聞こしめせと」は訓(よ)みかねたからであったが、すでに、有坂秀世博士が説かれたように、閉は乙類の「へ」で（延言の命令形の「へ」は甲類の「へ㈠」ちがう。これは下二段の連用や、命令形の「へ」であるとして、「聞きたまへ」(㈠承れよ」の意)と訓じた上に、「宣」は天皇みずから仰せられるのであるから(ご自分へ「たまふ」をおつけになって少しも無理がなく、むしろその方が当り前だから)、「の(り)たまふ」と訓ずべきだと論じて、近衛家に伝わった延喜式祝詞に、そう訓じているのを傍証された。この「のりたまふ」も「たまふ」の㈡である。

諸聞食止宣

次に、大祓の祝詞に、

「今年六月晦日之大祓尓祓給比清給事乎諸聞食止宣」

とある「給」であるが、従来これを曲解して、「祓奉り、清め奉る」意の「給ふ」の用法だとして来たが、これも有坂博士が、

『諸臣・百官の人々に対して、勅命を奉じて祓を執行する中臣が、「祓へ奉る」の「清め奉る」のというような言葉遣いをすることは断じてあり得ない』

と喝破された。天皇が中臣に命じておさせになる「祓」であり「清め」であるから、みみずから「給ふ」をつけて仰せられたまでのことで、㈢の意味の「祓ってやる」「清めてやる」意味である。本当の公式の目下へのお言葉に、ご自分で、目上が目下への動作を表わす言葉――敬語「給ふ」をご自分でおつけになることは、続紀の宣命の第一詔から、ちゃんと見えることである――

「此乃食国天下乎調賜比平賜比天下乃公民乎恵賜比撫賜牟止奈母随神所思行佐久止詔天皇大命乎諸聞食止詔」

これらの「給」は㈡の「給」である。

申し給ふ

最後に問題になる「たまふ」は、「申給ふ」の「給ふ」である。「申す」だけでわかる所を「申し給ふ」という語例は、例えば、陸奥国に黄金を産したことを陸奥から上奏する文面にある。

「小田在山爾金有等麻宇之多麻敝礼」

をはじめとして無数にあるが、この「申したまふ」は、「言上する」という程の政治上の慣用語であること次の「まをす」（申）の条で詳かに触れよう。

たまふの総括

以上を要約すれば、「たまふ」は「与える」の敬語、上から下へ与えることであるから、従って上が下へ対することに、「何々し給ふ」という。そこから、㈠相手を尊敬して相手のすることに「たまふ」をつける。これが普通の用法になったが、また、㈡天皇にはみみずから「たまふ」をつけて仰せられるのも、ごく常のことだったし、また㈢改まった政治上の用語に下司から上司へ、大臣から天皇へ言上する意味の「申し給ふ」という形も出たことがある。

たまふの語原

さて、以上のようにいろいろに用いられる「たまふ」の語原は、どういうことであったろうか。

「たまふ」の起原となると、おそらく書契(しょけい)以前の昔のことに属し、これを考える資料は、われわれにないのであるが、久しく文字のない生活をして来たアイヌの言葉を注意してみると、上世の人々の心持にも通うところがあるように感じることがしばしばあった。

あの人々でも、もちろん神の考えも、神という語もあって、しかも驚くほど素朴(そぼく)である。あの人々は、守り神をいくつもいくつも、めいめいが私有すること、われわれの社会で、商人などがめいめいたくさんお得意先をもって、おのおのそのお陰で栄えて行ってるのに似ている。人造物でも精神をこめた作り物には、ラマチ（ramachi「霊(たま)」）がはいって、その霊(たま)、すなわち、神が、自分を守ってくれ、急場を助けてくれると考えるから、それで、そういう宝を、いくつでも、欲しがり、また所有する。われわれの宝は、鑑賞したり、金にしたりするが、アイヌではたからものと言ったら、もつ人たちには守り神なのである。われわれには珍らしいもの、高価なものでも、また名画でも、名器でも、ただ物であるに過ぎないのと大いにちがうのである。そのたましいのおかげで、目には見えないけれど、自分の運が強く、災(わざわい)を避けて、丈夫に、栄えて行かれると考えるので、物を与えられるということは、ただ物が自分のものになるばかりでなく、その物のたましいがいっしょに自分に加わって来る。

相手の人からたましいを分け与えられることなのである。だから有りがたいのである。

みたまのふゆ

日本の古語に、君恩を、みたまのふゆ（恩頼の字をあてなどして）と言った。これは、君のみたまを鎮め、君のみたまをさかんにする祭、「鎮魂祭」に、みたまのふりの訓がついて、どうも同じ言葉のようである。そのたまふりとは、たましいを振り起こし、盛んにすることだといわれる。

たましひはあした夕べに多麻布礼（たまふれ）ど我が胸痛し恋の繁きに（三七六七）

「自分の魂をば、朝に夕に振るいおこして、元気をつけるのだけれど、あんまり恋しいんで胸が痛む」というのであろう。

魂ふり

「魂振る」の連用「魂振り」が、r>yの変化で、連用形 Tamafuyi となろうとして、国語に *yi*（ヤ行イ列）は発音になかったから、i>u に替えた形が、みたまのふゆであろう。天皇の御霊に触れて、さかんな御魂のおかげを受けることをそう言ったものであろう。

この鎮魂のたまふるが今問題にしているたまふのそもそもの起原であろう。

タマフラ――タマハ　tamaf*ur*　a>tamafa

タマフリ――タマヒ　tamaf*uri*>tamafi

タマフル――タマフ　tamaf*uru*＞tamafu
タマフレ――タマヘ　tamaf*ure*＞tamafe

こうして、「賜は、賜ひ、賜ふ、賜へ」という四段活用動詞が出来たのではなかろうか。臣下が大君から下さるものは、それによってたまを振り起こすたまふりならざるはない。そのことが賜ふ・給ふであって、その集積が、みたまのふゆ（恩頼）だったのであろう。

「申」へつく「給ふ」の本義

しかしまた、国の内外の属領や国々から朝貢（ちょうこう）したり献納したりするものごとも、また朝廷を重くし、天皇のご威勢をますます盛んにするゆえんのものだったから、「食国（をすくに）のまつりごと」「天（あめ）の下のまつりごと」を言上するのが、申したまふと言って違ったことではなく、陸奥（むつ）に黄金を産しましたと言上するのも「申したまふ」と言って、たまふりの原義にもとることはない。それだからこそ慣用語となって、「言上する」ことを「申したまふ」と言ったのであると考える。

五　上代日本語の謙称動詞 (一)「たぶ・たばる・まつる」考

敬称から謙称へ

敬語法は、日本では、上代においてすでに、尊敬語と謙譲語とから出来ていた。

目上から目下へは、「賜ふ」（くださる）

目下から目上へは、「献る」（さしあげる）

の対照がこれである。人に物をやることに、上下によって、こう言いわけたのである。目上がなさる動詞の方を敬称と言い、目下のする動詞の方をば、謙称と呼んだらよかろう。

それでは次に、上代語の謙称には、どのような語があったかを考えて見ることにする。

たまふ（下二段）・たぶ（下二段）

「下さる」意味の「たまふ」（四段）から出た、「いただく」意味の「たまふ」（下二段、たまへ、たまへ、たまふ、たまふる、たまふれ、たまへよ）は、まず如何にして成立した形であろうか。

まず、たまふ「下さる」から、「いただく」意味が生じて来る道が二つ考えられよう。

その一つは、いわゆる受身の助動詞（実は自然相とか、勢相とかいうべきもの。受身の意味は、そこから出たのである）と呼ばれる「え・え・ゆ・ゆる・ゆれ」が添った形、「たまはえ・たまはえ・たまはゆ・たまはゆる・たまはゆれ」から出た「たまへ・たまへ・たまふ・たまふる・たまふれ」という「下二段の給ふ」これがまず「いただく」意味になる語形の第㈠である。

その二つは、「成る」がついたか、「在る」がついてラ行四段化したのか、わからないが、とにかく四段化（上げる――上がる、下げる――下がるのように）の「たまはら・たまはり・たまはる・たまはれ」という形、これがまた「いただく」意味になる語形の第㈡である。

これが、そのとおりに、今一つの「下さる」意味の「賜ぶ」（四段）からも生ずる。一つは、下二段に活用して「たべ・たべ・たぶ・たぶる・たぶれ」の形、これが「いただく」意味の第㈢である。二つには、「たばら・たばり・たばる・たばれ」の形、これは「いただく」意味の第㈣である。

たまふ（「くださる」）→ たまふ（下二）「いただく」㈠
→ たまはる（四段）「いただく」㈡

た　ぶ（「くださる」）→ た　ぶ（下二）「いただく」㈢
→ たばる（四段）「いただく」㈣

謙称まつる（献る）

敬称「たまふ」に対する謙称「まつる」は、「たてまつる」という形になって主に用いられ、「まつる」の方は、原義が忘れられて、祭る意味のみ意識される。しかし、祭り、祭るという語の原義はやはり、神に供物を「さし上げる」ことにほかならない。祭りは、神へ供物を供えることがやかましい重いことであるので、「供物を献ずる」すなわち「祭祀」となった。神に供物を備えるには、立てて備えるから、「立て献る」すなわち「奉る」になった。韓国に行き足らはして帰り来むますらたけをに御酒多氏麻都流（四二六二）同じ意味に、上・下運動の「上げる」で、目上へやるに用いられる。殊に、「さしあげる」は丁寧になって献上と同義語になる。

これらのうち、献るは、もっとも耳遠いが、進呈する意味に「またす」がある。サ行四段に活用したが、mat- が、「まつる」の mat と同根であろう。

六　上代日本語の謙称動詞㈡「まをす（申）」考

「申す」の語原

上代語の中の謙称動詞として、必ず挙げなければならない語に、「言う」ことの敬称「のたまふ」に対し、謙称「まをす」（申）があったことである。上代敬語法は、実に、上来述べてきたところの「座す」と「給ふ」と、この「申す」と、三つが代表すると言ってよい程、この「申す」が大切な単語であった。その語原は何か。

まをす（mawo-su）の語幹の終りの o は、唇音の影響で、円唇母音化したものかも知れないが、語根の maw は、おそらくは、

まゐ-出づ＞まゐづ（詣）

まゐ-入る＞まゐる（参る）

そのほか、まゐ-く（参来）もある。このまゐ（mawi-）のmawと同原のものであったろうかと思われる。それで、何れ（いず）も謙称の動詞語幹を作っているから。

では、このmawが、どういう意味のものだったであろうか。

「まをす」が、下から上へ言うことになったもとは、古く、役所で下僚から、上長へ報告するのが「申す」であった。それで、目下から目上へ言うことを、一般世間でも「申す」ということになったものであろうか。

金ありと申給へれ

「まをす」は「身近かな動詞」の一つの「言う」の謙称であるが、これが、「たまふ」を補助動詞に連ねて、「申し・給ふ」という上代の慣用語が、様々な異説を生じさせている。その用例は、万葉集巻十八の陸奥国が黄金を出した時の賀歌

我が大王の　もとひとを　いざなひ給ひ善き事を　はじめ給ひて　黄金（くがね）かも　たのしけくあらむと　おもほして　したなやますに　鶏が鳴く　あづまの国の　みちのくの　小田なる山に　金（くがねあ）有りと　麻宇之多麻敝礼　み心を　あきらめ給ひ　天地の　神相うづなひ……（四〇九四）

食す国の　四方の人をも　あぶさはず　あはれび給へば　古へゆ　無かりし瑞（しるし）　たびまねく　申多麻比奴（四二五四）

万葉学者の諸解説

何れも朝廷へ言上したことであるが、何故か、「申し上ぐ」と言わずに、「申したまふ」とあるものだから、不審として、まず万葉集略解、万葉集古義をはじめごうごうと衆議を勃発したのである。たいていは、『「たまふ」は、向うへつけるものであるが、また、向うを尊敬するために、この方へつけることも、古言にはある』と弁じ、さながら、下二段の「たまふる」と混同しているような説明で逃げている。

申しまつるの誤りか

今日の万葉学では、万葉集全釈なども そう、全註釈もそう、万葉集新考は例によって原文に誤りがあるとして、字を改めて「申してまつれ」と直された。しかし、ここはそれで通じても、巻十九にも

いにしへゆ無かりし瑞たびまねく申したまひぬ。（四二五四）

があって、いっしょに解決されなければならない問題となっている。それで、新考は、この方をば、「マヲシタマヒヌは、受け給ひぬなり」と、当時の詔勅の文句に添うてそうあるべきだと簡単にかたづけて居られる。ここはそうかたづけられても、この類が、宣命、祝詞になお沢山あって、一々このように説き去られないから、何とか他の解釈がなければならない。

有坂博士説

これについて、故有坂秀世博士が、雑誌「国語と国文学」に「金有等麻宇之多麻敝礼について」及び「申し賜へと申さくについて」を公にされた（後「国語音韻史の研究」〈三十二年版〉に再録された）。

博士は、宣命や祝詞や貞観儀式・延喜式等からこのような用例五十を発見されて、万葉だけの一・二例を誤写説でかたづけてもダメであることを示し、かつ数々の宣命や祝詞に全く同じ所を、あるいは「申さく」、あるいは「申し給はく」としていて、当時、「申す」と「申し給ふ」とは大体相似た意味を持っていたのではないか。ただ、「申し給ふ」は「申す」より使用範囲が狭く、専ら神や天皇や皇太子に申し上げる場合、または上官に申す場合などに限られている。だから「申す」は一般的、「申し給ふ」は特に「鄭重」な儀式的な気持を含んだ語であって、現代語で言えば「言上する」などに相当するものではなかったかと論じ、しかもこの慣用の由来や原因はわからないとされた。

三宅説

ところが、これに対して、東大助教授三宅清氏が同雑誌の二十八年六月号に、「『まをしたまふ』の意義」という論文を発表された。

三宅氏の説は、「申し給ふ」は、「申す」と「給ふ」と二つの動詞の連結までで（「申す」は下の人から上へ言うという語、「給ふ」は、上から下へ与えるという語であるから）所詮、諸司から申し上げる政務を大臣に申して決裁を経て、諸司に、行へとて給付するという意味に他ならぬと主張して、有坂博士の「申し給ふ」の「給ふ」を助動詞視するのに反対なのである。そして「申し給ふ」ばかりでなく、申送、申請、申返、申上など二つ連ねる例が沢山あることが挙げられる。

しかし、これらの熟語はいずれも、「申す」が主で、「送」「請」「返」「上」は皆「申す」を色づけて表わし分けるもので、やはり補助的なものに過ぎない。決して、二つのことをつづけて言っているのではない様に、「申し給ふ」も、「給ふ」は補助動詞で、「申給」二つで一つのことすなわち、奏上することから「政務を取る」ことの意味になっていたのではあるまいか。

天下申給ふ

大伴旅人の大納言になって上京するのを送る歌

　よろづ世に　いまし給ひて　あめの下　麻乎志多麻波禰　御門去らずて（八七九）

も、「天下の政務をお取り下さい」であり、また山上憶良が、遣唐大使多治比の真人広成を送る「好去好来歌」の

　高光る日のみかど　神ながら　愛の盛りに　天の下　奏多麻比志　家の子と選び給ひて

……（八九四）

も、広成の父の多治比の島が、左大臣であったから、「天下の政務を執奏した人の子」と広

成をいうのである。

国政執奏の意

これらみな「天の下を申し給ふ」は、国政を天皇に執奏する意であり、委しくは「天の下のまつりごとを申す」ことであろう。「申す」の意味がそういう意味に用い慣らされて、ただ「奏上する」だけでなく、「奏上して政務を取る」からついに「政務を取る」ことにまでなって来たであろう。

天皇は「天の下を知ろしめす」おかた、「食す国を定め賜ふ」おかたであって、「天の下を申す」「まつりごとを執奏す」る方は、どこまでも臣下のことである。

ただし、「天の下のまつりごとを申す」というべき所を早く言って「天の下を申す」と言うのは、いわば、飯をば薪を焚いて米を煮てかしぐものであるのを、「飯をたく」といってしまったり、「頭の毛を刈る」のを、「頭を刈る」と言うようなものか。

政治執奏は高官のわざ

そういう高位の人、大臣なり、国のみやっこなりのすることであることからも「天の下申し給ふ」「まつりごと申し給ふ」と言って来たであろう。だから、つい公けに国事を奏上するようなことにも「給ふ」をつけて、「金有りと申し給ふ」「奇瑞を申し給ふ」となっていたのであろう。「辺土から黄金が出る」「国中に奇瑞が現われる」ということ、そのことすでに、天皇の御稜威をさかんにし奉る「みたまふり」になるから、「申したまふる」という理由があって、「給ふ」がついたその原義が忘れられても、大臣や長官の奏上だから「給ふ」をつけて習慣的に「申し給ふ」という古い慣用句が存在したことが考え得られるではあるまいか。

第三章　変遷

奈良から平安への敬語のずれ

一　上代敬語と古代敬語の対比

敬語法は、上代（奈良及び奈良以前）と、古代（平安時代）とで、時代の差ばかりではなくおそらく、方言的な差もあったであろう。敬語動詞も殆ど違い、殊に敬語助動詞が全くちがう。

奈良・平安間の相違

平安時代には、次の三助動詞が敬語法に用いられる。

一　所相の「る」「らる」（下二段活）
（これは奈良時代では、まだ敬語に用いられない）

二　使役相の「す」「さす」（下二段活）
（奈良では、まだこの形が発生しなかった）

三　使役相の「しむ」（下二段活）
（奈良では、この形は使役の助動詞であって敬語に用いられなかった）

この三つの「相の助動詞」が、「敬語助動詞」に転用されるのが平安時代である。

奈良時代の敬語の助動詞は、ただ一つ
「四段活型動詞にだけつく『す』という四段活」
があるのみで、これは平安時代には姿を消す。

敬語動詞

次に、動詞自身で敬語の意味をもっているもの——敬語動詞（または敬動詞）について見ると、案外に平安ではこれが少ない。

なぜ少ないか。上代より劣ったはずはない。むしろ語法としては、進んでいるはずなのに、敬語動詞の少なくなったのは、助動詞がたくさん出来て、諸動詞がみな、それを用いて規則的に尊敬を表わす形が整理されて来たからなのである。そのために、特殊敬動詞の数がほんの前代からの慣用残物だけになったのである。それが、減少したゆえんである。

前代の最高敬語「おほまします」から出た「おはします」及び、軽い方のおはすが「在る」を意味するこの時代の敬語動詞（また敬動詞）の代表である。

前代からそのまま残って用いられていたのは、「います」「遊ばす」「賜ふ（給ふ）」「召す」ぐらいなもの。給ふは前代の「ます」に代って平安時代最も盛んに用いられる助動詞となって、あらゆる動詞へこれを添えることで皆敬称形となる。

謙称の「給ふる」は、敬称の「給ふ」と相待ってこの時代の敬語法の骨子を成した。謙称で、この時代栄えたのは「聞こゆ」で「申す」とともに補助動詞にまでなって栄えた。

この時代に入って特に発生した謙称は、「侍り」であって、特に、この時代以後盛んになる丁寧(ていねい)語法の先駆を成した。鎌倉時代からはこれにとって代る「さぶらふ」から出た「さうらふ(候)」が圧倒的になって近世に及ぶ。特に「候文」という手紙文の原形を成す文体の誕生がこの時代の終期から、鎌倉時代の初頭にかけて起こった文体だった。「さうらふ」から「そうろう」「そろ」と軽くなって残り、原形の「さ」音を残した中世の「さう」から近代の「さ」になる。「さうさう」(「左様・候」)、「そうさ」(「左様・さ」)。

中世の「にて候」から出た中世末の「でさう」(「で・候」)、近世の「で・さ」、中世末の「で・そう」から出た近世初めの「で・す」(これは亡(ほろ)びて、近世末「でございます」からの「でおざいます」「でおざんす」「でざんす」「であんす」「であす」「でえす」「です」が現代の「です」であるから、現代の「です」は「ございます」の縮まったもの)。江戸初頭頃の狂言などの「です」は「で候」の縮まった「です」で違うものである。

同形の古語と新語

ちなみに古語と新語と、同形なために、うっかり一つもののように誤解されがちなものに、「ます」があるが、これは区別しなければならない。

上代語の「立ちます」「取ります」「します」「見ます」の「ます」は「給ふ」と置き替えられる尊敬の「ます」「います」意味の「ます」であるし、今日の「立ちます」「取ります」「します」「見ます」の「ます」は、自分へつけていう「ます」で、「まいらす」から来たもの（まいらす――まいす――ます、或は、まいらす――まらす――まっす――ます）で、ちがうのである。

今ひとつ、古語と今語と同形の似た意味のものがある。それは、古語のおますと関西方言の「そうでおます」のおますである。関西方言のおますはしかし、そうでおざいます＞そうでおざます＞そうでおますというようになって来たのであり、古語のおますは、おほましますからおましますが出て、下のますを省（はぶ）いた、おましをおますと活用したものであって、おいでになるという意味である。それも、「孫でおいでになる」「孫でいらっしゃる」となると、大分今日の関西方言のそうでおますのおますに近くなる。この「おます」と、同じもとから出た「おはす」とは、「お」が動詞へもすぐつくことがあるかと誤認させて、名詞の接頭辞だということを疑う考えも出て来たようである。しかし、どちらも、音韻（おんいん）変化のはてが、そう見える形におちたまでであるから、これらの形のゆえに、「お」の接頭辞としての本性を見失っては、日本の敬語の真相を見失うことにもなるであろう。

仕る・致す

謙称の「仕（つかまつ）る」「致す」は、中世以後盛んに行われる。平安朝時代の「つかへまつる」

その音便形「つかうまつる」(中世に「つかまつる」)が補助動詞化して近代の候文や、「さむらい言葉」に使われたから、髷物の芝居のせりふによく聞かれる。候文に、「仕る」と並んで「仕る」より少し軽い謙称の「致す」もよく用いられて、この方は現代一般の謙称動詞及び補助動詞となっている。

「左様致しましょう」
「承知致しました」
「どう致しまして」

まゐづ

謙称「まゐづ」(語原、まゐ・出づ)は、音便で「まうづ」から、中世の末「もうづ」と発音されて残るが、近代文語として神仏などへ行くに用いられ、一般に「参上する」意味には語原(まゐ・入る)の縮まった「まゐる(参)」が用いられて、中世・近世から現代に及ぶ。

「まゐ・来」だけは、早く廃れて、中世以後は殆んど聞かれない。

この maw- あるいは、「まをす」の maw- と同根か。「申す」の語原も未詳であるが、やはり謙称であること、そして、音便で「もう」となること、同じ趣である。

連用形を「まゐ」という動詞があるらしいことは、

みやこべに末為之我が背子……事畢り帰りまかりし(四一一六)

よき国にいます国には我も麻為弖牟（仏足石歌）

この「まゐし」は、連用「まゐ」で、終止は「まう」（下二段）か、まゐる（一段活）か不明だが、連用形「まゐ」へ「出づ」「入る」「来」が連なって、「まゐづ」「まゐる」「まゐく」があるのであろう。「まう」（上二段）または「まゐる」（上一段）という語が方言にでも残っているかどうか知りたいものである。

上代の敬語動詞

上代の敬語動詞		
敬称		
敬語動詞	敬語補助動詞	敬語助動詞
在（ま）す（四段） います（四段）*1 おほまします（四段） 為（せ）す（四段） 見（め）す（四段） 着（け）す（四段） 食（を）す（四段） 寝（な）す（四段） 知ろす・思ほす・織ろす 賜（たま）ふ（四段）	ます（四段） います（四段） （平安にはすたれた） めす（四段） 「みけし」などの熟語にのみ残る をす（四段） たまふ（四段）	す（四段） ただ四段の動詞へ

上代の敬語動詞	
	謙称
賜(た)ぶ（四段） 宣(のたま)ふ（四段）	たまふ（下二） たまはる（四段）*2 たぶ（下二） たばる（四段）*3 まつる たてまつる まをす*4 さもらふ*5 まゐる まゐづ（詣） まゐく まかる（罷）
たぶ（四段）	たまふ（下二） たぶ　勤め多扶倍志（一二八） まつる まをす*4

*1　橘の下照る庭に殿建てゝ酒宴(さかみづき)伊麻須我が大君かも（四〇五九）
　うらさびて嘆かひ伊麻須（四二一四）
*2　足柄のみさか多麻波理(たまはり)顧みずあれはくえゆく（四三七二）
*3　はりぶくろこれは多婆利ぬ（四一三三）汝も我もよちをぞ持てるいで児多婆里(たばり)に（三四四〇）

＊4　天飛ぶや鳥にもがもや都まで送り摩遠志弖飛び帰るもの（八七六）

＊5　朝なぎに舳（へ）向け漕がむと佐毛良布と我が居るときに（四三九八）

大御船はてて佐守布（さもらふ）高島の三尾の勝野のなぎさし念ほゆ（一一七一）

平安時代の敬語動詞

平安時代の敬語動詞		
	敬称	
動詞	います いますがり おはします おはす 賜ふ 召す 遊ばす 等々[*1]	申す 聞ゆ
補助動詞	ます 給ふ めす 等々	申す 聞ゆ
助動詞	す（さす）（下二） しむ（下二） る（らる）（下二）	

平安時代の敬語動詞		
謙称		
賜はる うけたまはる 侍り さぶらふ 奉る まつる まゐづ まゐる まかる 等々[*2]	給ふ（下二） 侍り さむらふ 奉る まつる	

＊1　「見そなはす」「ご覧ず」「おほとのごもる」はこの期の語。

＊2　後世になるほど謙称の多くなること、助動詞が多くなることが注意される。奈良朝にただ一つだった「す」が、（慣用句以外には）全く廃（すた）れて、使役相の「しむ」（下二）及び、「す」「さす」（下二）と、勢相の「る」「らる」（下二）と、以上の三種、五個がこれに代って生じた。それで上代の特殊敬って皆助動詞で規則的になったことは一つの進歩であった。

二　平安時代の敬語助動詞の起原

「す」「さす」

従来の、国語学が、平安時代語の研究から着手されて、その知識からさかのぼって奈良時代の語法を見たものであるから、これまで、ややもすれば誤って、

一　平安時代の「す」が使役相ゆえ、奈良時代の「す」も、使役の意であろうときめこんで居り、

二　奈良の「す」（四段活）が平安の「す」（下二段）の原型で、平安の「す」は奈良には四段活用だったと速断されたりする。

山田孝雄博士『平安朝文法史』一四五頁には、四段活の「す」が、下二段化して平安時代の「す」になったとして、『前期に四段なりし「かくる」（隠）「おそる」（恐）等がこの期には全く下二段になりはてたるもあればなり』と説き、進んで、『「す」と「さす」とはいづれが初なるか遽に断言し難しといへども、「さす」が最初の形にして「す」は、ア韻の重複をさくる為に生ぜし形にあらざるか。さてまた「さす」の独自の用法なるものあるを見れば或は「す」が複語尾にて、「さ」は本来、形式動詞の「す」の変形せるものにて前期の「せす」の転音にあらじかとも思はる』

こうして従来は、「す」「さす」のうち、「さす」の方が原形であって、その起原は、前代の「せす」の変化したものと説き、「せす」は「なさる」という敬称動詞であるから、それで「さす」の敬語たる理由が説明される。しかし、「さす」の「さ」が動詞なら、「さす」は連用形へつくべきはずなのに、未然形へつく（「せ・さす」「来・さす」）。動詞へ動詞が続くのに、なぜ連用でないか。

では「さす」は何か。今一つの考え（私などの）では、「す」がもとで、「さす」は動詞の活用形をこわさぬ為にできた第二次的な形だとするのである。すなわち、四段へはア列へ続くが、四段以外の動詞にはア列がないから、四段の成る——成らる、取る——取らるのらるへ類推して助動詞の「らる」ができたように「す」が四段以外へつく時、四段の申す——申さす、殺す——殺さすに類推して「さす」となって活用をこわさずに済んだのだと考える。

「す」の起原

では、そもそもその「す」が、どうして出来たものか。まず使役の助動詞は、奈良時代は、「しむ」一つだったのに平安時代は、「す」と「しむ」と二つになった。ただし「す」が盛んで、「しむ」が衰える。少なくとも女流文学には「す」の方が主で、「しむ」の方は男性語（漢文の訓読や、漢語の語尾、勘当せしめ、出家せしめ、奏せしめ、等々）に多い。何のためか。そのわけは、下二段の「す」は、実は「しむ」を早く言ってm音を落とした形だからである。

しめ――せ（sime>*si*-e>se）
しむ――す（simu>*si*-u>su）
しむる――する（simuru>*si*-uru>suru）
しむれ――すれ（simure>*si*-ure>sure）

それで、せ・せ・す・する・すれ・せ（よ）という二段活の使役助動詞が現われ、敬語助動詞にもつかわれ、「しむ」の方は稀になり、とうとう平安末には、男性語の反射的な意味・用法を生じて、「一校せしめ候ひ了んぬ（一校いたしましたの意）」というようになって行く。

こう見ると、平安時代「す」「しむ」両様の形のあったこと、及びそのありかたの説明がつく。

万葉時代の「負はす」

万葉時代に「しめ」が「せ」になっている例は一語「負ふ」があるだけ。それは大伴家持（おおとものやかもち）の歌であるから、平安へさしかかってのことで、無理もない。その歌は巻十八、坂上郎女（さかのうえのいらつめ）が、娘の聟の家持へ送った歌である。

片思ひを　馬に太馬（ふつま）に於保世母天（おほせもて）　越辺（こしべ）に遣（や）らば……（四〇八一）

「片思ひをば、どっさり馬に負はせて越前へやったら」というので「馬に負はしめ」を「馬におほせ」と言っている。ここに、せ・せ・す・する・すれ、という下二段使役助動詞の一片が初見する。

そして、上の人の言が命令となって下の者へ負わせることになるから、「仰（おほ）せ」と言うようになる。はしなく、「仰せ」の語原がここにチラリと見える。

「負（お）はせ」を「於保世」と言ったのは、前の「お」の音の影響による同化、「おもはす」――「おもほす」の類（たぐい）である。

奈良の「す」と平安の「す」

奈良時代の「す」が、平安時代の「す」になったと考えるなら、㈠どうして四段活が下二段活になったか。㈡どうして、四段以外のあらゆる活用へつくようになれたのか。それが少しも説けない。

㈠の方について考えられることは、ずいぶん奈良から平安にわたって、四段がよく下二段になった。しかし、「隠り」が「隠れ」になったり、「恐り」が「恐れ」になったりした類は、他動が「自動詞になるときよく取った形」であって、それに類推し四段の自動詞さえも、下二段になったものであるから説明がつく。破り――敗れ、斬り――切れの類に類推して、垂り――垂れ、触り――触れ、乱り――乱れの類である。

しかし助動詞「し」が「せ」となるべき何等の理由が見出せないのである。なおさら、ただ四段活の動詞へだけついたものが、どうしてあらゆる動詞へつかれるようになったか、その点に至っては、全く類を見ないことで説明のしようがない。だからこれは疑問である。

三　奈良・平安の相違

あやまった類推

また世間では、散る――散らす、習ふ――習はす、匂ふ――匂はすと他動四段になる語尾の「す」をもって、奈良の、立つ――立たす、取る――取らすの「す」を解こうとするのを見かける。他動と使役と意義上の近似があるので、平安の使役相が敬語になったことから類推して、他動語尾の「す」が敬語になったとするのである。

しかし、平安になぜ、使役が敬語になったかは、通説のように、貴人は、人におさせになるから、「御堂を建てさせ給ふ」と言ったり、「文を奉らせ給ふ」と言ったりする。みな、人をして建てさせ、人をして奉らせることが、お建てることであり、奉り給うことであるのである。他動にしたとて敬語になることは考えられない。

敬語になった受身

ちなみに、平安に、「受身が敬語になった」というのも、正しくは、「自然相（勢相）が、敬語になった」と言うべきである。「使役が敬語になったように、受身も敬語になったのだ」と簡単に片づきはしない。受身がなぜ敬語になり得るか説明が出来ないでないか。「自然になる」ように言い成すことが、敬語法の一つの原理である。貴人の行為を、さも貴人が動作したようにではなしに、おのずから成ったように婉曲に言いまわす方が、尊敬する「物の言い方」になるのである。例えば、「行く」を「おいでになる」「おいである」と言ったり、「見る」を「御覧ある」「御覧になる」などいう類である。だから自然相（勢相）の助動詞が敬語の助動詞になったものなのである。

さてこういう、デリケートな物の言い方は、平安京の人たちの発達させた語法である。奈良の昔の敬語は、そんなものではなく単純に、文法的には、すべての動詞にただ「座す」をつけて、「行きます」「見ます」「来ます」「立ちます」「取ります」一点張りだった。

唇音の退化

ただ日常多く使う「身近の語」には、おのずから、省略形があらわれた。すなわち、ます（masu）のm音が落ちる（唇音退化の原則から）その結果は、母音が二つつづく。発音しにくいから、前の方をおとす。

立ちます——立たす（tati-*masu*＞tati-asu＞tatasu）
取ります——取らす（tori-*masu*＞tori-asu＞torasu）

四段活は、これでよいが、一音節の動詞に、こう省略音を行っては、形が崩れるから、見（mi）だの、為（si）だの、寝（ne）だの、居（wi）だのには、二つ続く母音が、互に歩み寄って中間母音になって、語形の崩れて別語に聞こえる不都合を救っている。

見ます——見す（mi-*masu*>mi-asu>mesu）

同様にして、為ます——為す、著ます——著す、居ます——居す、寝ます——寝す（「臥ゆ」もこれにならって、臥います——臥やすとなった。）

以上、「身近の動詞」に限って省略形が用いられたから不規則形を成しているが、四段活の時は、「す」だけが共通するから、それで、敬語助動詞「す」（四段）か四段活動詞の未然形へつくと説かれている。

不規則形

不規則形には、このほかに、「思はす」の転の「おもほす」、「おもはゆ」の転の「おもほゆ」（o音の同化）。また、多分「聞きをす」の約まった形と思われる「聞こす」、「知りをす」の約まった形と思われる「知ろす」があった。

平安時代に降ると、「見す」から出た「召す」、「思ほす」から出た「おぼす」「おもほゆ」から出た「おぼゆ」などが、前代の語の化石化したイディオムとして、やはり四段活で残って用いられる。

こうして、成立の上に、奈良時代と平安時代との間には、敬語法に根本的な差があった。

然るに、万葉集の旧訓は、多分、平安時代の梨壺の五人男の古点などの伝であろうが、平安時代の語法で訓じたように見えるのが沢山ある。契沖以下、古学の興隆によってそれが改められるのであるが、まだ往々にして平安式が混じる。

四　万葉語における「頂戴す」について

万葉の敬語の忘失

万葉集は、古今の万葉学者のお陰で、何の困難なしに読み味わわれることは今さら言葉につくせないほどのよろこびである。ただお陰で、夢中に読み耽っているうちに、敬語の問題にぶつかって時々「はてな」と首を傾けることがたまにある。平安朝以後の人に、万葉の上代語が敬語法において特にちがいが大きくなって来て、大かた忘失されていたためのようである。

令食有の古訓

万葉集巻四の丹生の女王の太宰帥(ださいのそつ)大伴卿に贈った歌の一首（五五四）

古人乃令食有(フリニシヒトノタバセル)　吉備能酒(キビノサケ)　病者為便無貫簀賜矣(ヤメバスベナシヌキスタバラム)　（「万葉集古義」の訓）

「老公の賜わった吉備の酒、酔うと仕方もない、ついでに手洗い鉢の貫簀も頂戴！」

と、ふざけた歌の結局は、いただきましょうという所であるから、「たばらむ」と訓じたのが至極(しごく)結構で、「いただく」を意味する四つの中の第㈣（参照七四頁）「たばる」をもって訓じあてている。が、第二句目の令食有を「たばせる」と「古義」は訓じたが、どうであろうか。

旧訓は「のませる」であった。古義の著者はそれを不当として改めた。不当として改めることは当然だったが、これで改めおおせたかどうか。

この歌の冒頭は、「いにしへの」「ふりにし」の両訓だけであるが、「令食有」はいろいろ異説があって、

一　のませる「西本願寺本」・「代匠記（だいしょうき）」・「校本万葉」

二　たばせる「古義」・「新考」

三　をさせる「全釈」・「全注」

四　をさする「定本」・「森本氏訓」・「評釈万葉」

以上の四訓がある。そのうち、

「のませる」

㈠「のませる」は最古訓で、代匠記はそのままにしたが、その正しくない理由を次にのべる。

第一に、のませるが連体であるから、この「る」は、助動詞「り」である。すると、これは、四段活（及びサ変）につく助動詞ゆえ、「のます」は、「立たす」「佩（は）かす」「馭らす」の「す」と同様、上代の敬語の助動詞「す」（四段）である。するとその意味は（「飲ませる」ことでなく）「お飲みになってる」であって、自分が飲むこととはならないから、従って、

下の句の「病めばすべなし、ぬきすたばらむ」へ続かない。自分が頂戴して飲むことにならぬかぎり、適当な訓とはいえない。第二に、「のませる」では、原文の令食有の（「有」は合うが）「令」が適当に訓まれていないから適当な訓でない。「飲ませ」の「せ」は、平安朝の「せ・せ・す・する・すれ」の「せ」なら使役であると共に、敬語であるが、奈良朝の「佩かす」「立たす」の敬語の「す」は、決して使役に用いられた例がない。奈良朝の使役の助動詞は「しめ・しむ・しむる・しむれ」であって、「せ・せ・す・する・すれ」はまだ奈良朝にはあらわれていない。*平安期に至って初めて「しめ・しむ」と平行して使役（並びに敬語）助動詞に用いられる。

こう考えて来ると、「令食有」を、「のませる」と訓んだのは、梨壺の五人男などが、平安時代の語で訓んだ誤訓であることが明らかになる。

＊万葉集にただ一つ「負（お）はす」が家持の歌にある。奈良朝の末に「負はしめ」がmの脱落で「負はせ」となりかかったか。こうして、次期平安時代の「せ・せ・す・する・すれ」が出来て来る秘密をこの歌が、こっそり漏らしている。「しめ」を早く言ったためにmが落ちて、si-me>si-e>se となったもので、平安時代に、使役が「しめ・しめ・しむ・しむる・しむれ」と「せ・せ・す・する・すれ」と併存しているのは、ゆっくり言った全形と、早く言った形とがならび行われていたからである。

「たばせる」

次に「たばせる」はなぜいけないか。「有」を訓ずるために、「せり」形にして、つまり

「たばす」（四段）へ「り」（ラ変）をつけている。「り」をつなぐ所の「たばす」は、四段活の「す」（奈良時代の敬語助動詞）でなければならない。賜ぶ（四段）「お与へになる」へ、敬語助動詞「す」（四段）がついたことになるが、そんな例は他にない。この「す」は、敬語動詞でない動詞へついて、これを敬語動詞にする役目だから、

立つ――立たす
佩く――佩かす
行く――行かす
取る――取らす

となるけれども、決して、

在す――在さす（四段）
著す――著さす（四段）
目す――目さす＊（四段）
寝す――寝さす（四段）
食す――食さす（四段）

とはならない。故に「食ばす」は烏有の形である。

＊平安には「召させ給ふ」など「召さす」があるが、召させ・召させ・召さす・召さする・召さすれ・召させよ、であって四段ではない。

「をさせる」

「をさせる」はなぜいけないか。やはり四段活「をさす」へ、「り」を添えた形で、「令食有」の「有」へはあたっているけれど、「り」を添えた「をさす」の「す」が四段活なはずだから、この「す」は、やはり敬語助動詞「す」である。「をす」はすでに敬語動詞であって、「食(を)さす」は二重になって、上代語には言わない形であること、「食(た)ばす」とともに烏有の形であっていけないことになる。

この「をさす」は、訓として、「令」(使役形)が少しも訓(よ)まれていない。「食(を)さす」と言って訓んだつもりであろうけれど、「さす」「す」という使役の助動詞なら、下二段であり、「り」がつけないし、かつそれは、平安時代式であって、万葉の訓には錯誤(さくご)であるからいけないのである。

「をさする」

「をさする」はどうか。㈠㈡㈢の訓が、「令食有」の「有」を「り」と訓ませることに関心を払って、そのために、「――せる」が知らず知らず四段活の「す」(すなわち敬語の助動詞)に訓じていたことになる。然るに㈣説は「する」と下二段型に訓じ、「令食有」の「有」の字をば無視するが、いままで無視しがちだった「令」字を訓じようとしている所に一異色を見る。

しかし、使役の助動詞「する」(せ・せ・す・する・すれ)は、平安時代になって出て来る助動詞であって、奈良時代の使役の助動詞は「しむ」（しめ・しめ・しむ・しむる・しむれ）一つである。この一事をうっかりして、平安式の「する」と訓じたのはやはり残念ながら正訓ではない。

総じて、敬語法の助動詞の一変したことを気づかないことから(一)(二)(三)(四)のすべての訓が、あやまりの訓に陥っているのである。敬語に関するかぎり、問題がまだ残っているように思われるゆえんである。

令食有の正訓

それでは、「令食有」はどう訓んだら正しいか。

奈良朝の使役相動詞は、しむ（下二段）一つであるから、「令」は「しむ」と訓むべきで、それ以外に訓むべき助動詞はない。「有」は存在態「り」と訓むか、或は「たり」と訓むかである。「り」は四段活へつく助動詞で、下二段にはつかない。下二段の「しめ」と訓ずる以上は、ここは「たり」の方を採って「しめたる」でよろしい。ただ「食」を何と訓ずべきか。これが眼目である。

すでに述べたように、「令食有」の主語が、「古老」であっても、酒を実際飲んだのは「姫」であるから、この「食」は「いただく」の方でなければならない。

「いただく」の上代語

「いただく」に意味する奈良朝の詞は、「たまふ」（四段）から出た「たまふ」（下二段）と「たまはる」（四段）があり、「たぶ」（四段）から出た「たぶ」（下二段）と「たばる」がある。故に訓じかたは四つある。

たまへしめたる
たまはらしめたる
たべしめたる
たばらしめたる

この四つ以外にないから、音数の関係でこの四つのどれかにきまる。

そこで「古人乃」の訓じかたである。今まで「古」を初五、「人乃」を二句目の七字に入れて、よむので「令食有」を四音によまなければならなかった。今初五を「古人乃（フルビトノ）」と訓むことを考えてみる。それは自然な訓み様に見えるし、万葉集中、人名には高市古人（ふるびと）が居（よ）り、また巻九には、「妹等がり今木の嶺に茂り立つつま待つの木は*古人見祁牟（フルビトミケム）」がある。そうすれば、

㈠　ふるびとのたまへしめたる吉備の酒。
㈡　ふるびとのたばらしめたる吉備の酒。

の二つの訓み方があり得る。
㈠の「たまへしめたる」は、「たべしめたる」と同じで、意味も合い、「食」の字を下二段

の「たまふ」とよむことは、祝詞・宣命の「聞食閉止（ききたまへと）詔（のりたまふ）」でたまへであること、近衛家延喜式祝詞の古訓であって、有坂秀世博士の明らかにされたところである。

㈡の「たばらしめたる」は、この歌の終句にすでにある「たばらむ」（頂戴しましょう！）だから、これを使役相にして、頂戴させてくれた吉備の酒ということで、これはなお正しく当時のことばそのものである。㈠㈡のうち、私は、むしろ㈡の方がよかろうかと考える。

＊「ふるびと」は国語大辞典にも大言海にも四義あって、㈠古人㈡老人㈢古参㈣古く交る人、古なじみとある。故に古一字を「いにしへの」と訓んだり、「ふりにし」と訓むよりは、遥かに妥当性が高いと思う。ただ意義上からいえば、ここは、

フリニシ（イニシヘノ）　ヒトノタビタル
フリニシ（イニシヘノ）　ヒトノタマヘル

の二つがしっくりあう。けれどもそれでは原文の「令食有」の字面にあたらない。この字面によくあたって訓をつけるんだったら、私の考えでは、

フルビトノ　タバラシメタル　キビノサケ

の方がよいかと思うのは、そしたら、「令」を「しめ」、「有」を「たる」と、すっかりあたることになるからである。

五　「見す」の忘却

「見る」の敬語「見す」

次に、「見る」の敬語「めす」は、平安人に忘れられてしまったらしいこと――

在りつつも　御見多麻波牟曽　大殿の　此の　廻　の　雪な踏みそね（四二二八）

この歌、「藤原房前卿が、大殿で御覧になるだろうから、このまわりの雪を踏みつけず、そっとしておけ」というので、その「御覧になる」をこの「御見」の二字で書き表わしている。奈良時代の「見る」の敬語は、「めす」であるから、「めし給はむぞ」で問題がないのであるが、この事――見るの敬語、見す――が、もう耳遠くなっていてすぐに、そうは訓めなかったらしく、旧訓、西本願寺本やその他が、オミミタマハムゾ（ミが一つ余計に入っている）。代匠記は、オホミタマハムゾ、「考は」ミミタマハムゾ。「略解」「全釈」は、ミシタマハムゾ。「古義」に至って、初めてメシタマハムゾとさすがに「見る」の敬語「めす」がハッキリ把握された。

めし給ふの実例

メシタマフの実例は、巻十八にあって、

み吉野の　この大宮に　あり通ひ　売之多麻布良之（四〇九八）

尚、「御」字を加えてそれの敬語形を書いている実例は、食の敬語「をす」と訓ませる御食があり、念ふの敬語「おもほす」と訓ませる御念がある。

春の野に　抜ける茅花ぞ　御食而肥座（一四六〇）

いかさまに　御念食可　つれもなき（一六七）

また、

八隅しし　我が大君の　見給　芳野の宮は（一〇〇五）

すめろぎの　御代よろづに　かくしこそ見為明めめ　立つ年のはに（四二六七）

八隅しし　我が大君の……豊のあかり　見為今日の日は（四二六六）

八隅しし　我が大君は……見賜（四二五四）

が、古義によって「めす」と訓ぜられるまで、ミセタマヒ・ミエタマヒ・ミシタマヒなど、まるで変な訓み方が乱出していた。

六　「せす」のまちがい

赤人の歌

山部宿禰赤人歌

縄の浦ゆ　そがひに見ゆる　奥つ島　榜ぎ回む舟は　釣為良下（三五七）

「為」を「する」と訓みさえすれば、丁度「つりするらしも」と七字になるけれど、「らし」は終止形へつく語で、「するらし」とは言えない。

旧訓はツリヲスラシモで、代匠記もその通りであったが、宣長の「玉の小琴」が、何と思ってか、ツリセスラシモと訓んだので、以後それに従う人が出て来た。「索引」がそうであり、「全釈」もそうであって、しかも口語訳には「釣をしているらしいわい」と訳して、「いらっしゃる」とは訳さない。「せす」の誤解である。さすがに「古義」は、「せす」に同じなかったが、七音に訓むためにツリシスラシモと「を」の代りに「し」を入れた。「を」が無いのに「を」を入れることに少しの不安を感じるが、「し」が無いのに「し」を入れるから同じことではあるまいか。「を」も「し」も入れずに訓むとしたら「せす」でなく、「せる」としたらどうか。コギタムフネハ、ツリセルラシモ。「釣をするらしい」の代りに、「釣をしているらしい」となるのである。

七　御立為之の誤訓

奈良の「立たせ給ふ」

高貴の方のお立ちになるのは、平安式では「立たせ給ふ」であるが、奈良式では、これを何と言ったか。「立たせ給ふ」のせ、すなわち、せ・せ・す・する・すれ・せよは、平安に入って出来た助動詞で、奈良時代には、まだその語形もないし、また使役を敬語に使うこともあらわれていなかったから、何と言ったものか。

　もちろん奈良の「立ちます」「立たす」が、平安京の「立たせ給ふ」にあたる。しかし、これでは短か過ぎ、「御立為之」の訓にはも少し長い五文字ぐらいの言い回しがほしい。そこで古くから色々な訓み方が出ていて、さすがの古義の著者も、これには窮した説明をされ、現代の山田孝雄に至ってはじめてそのものズバリと訓みおおせられたこと、お見事である。まず、そこに至るまでの諸説から見て行くことにしよう。

(一)「みたちせし」と訓む旧訓

御立為之(みたちせし)島を見る時にはたづみ流るゝ涙とめぞかねつる（一七八）
御立為之(みたちせし)島をも家と住む鳥も荒びな行きそ年かはるまで（一八〇）
御立為之(みたちせし)島の荒磯を今見れば生ひざりし草生ひにけるかも（一八一）

「定本」「全註釈」「全講」「評釈」は、みなこの旧訓を採用してあって、「みたちせし」が殆んど定説化して見える。

　しかし、「みたちせし」は私は二つの点から否定する。

　第一に、御立為之の四字の上三字は、「みたちせ」と訓で読んで、下の一字だけを「し」と音読することが、まず疑問。

第二に、「み立ちせす」（おたちになる）の連用形の「みたちせし」なら存在する語形であるがおそらくその音に引かされて、こう訓じた。しかし、「みたちせし」の「し」は、き・し・しかという過去の辞で、「みたちす」の連用形へ添ったものとの考えだろうが、その「みたちす」という語が果して奈良時代語にあったか、ということが疑問である。「みたち」と敬語の名詞を受けるには「す」でなしに、「国見をせす」などの「せす」が本当で、

「み狩せす」

「み立ちせす」

あるいは、

吾が大神、船の舳（へ）にうしはきいまし船艫（ふなとも）に御立座而（みたちいまして）さしよらむ磯の崎々（四二四五）

などが、奈良式の語法である。「み立ち・す」では今の言葉だったら「ご旅行する」だの、「ご勉強する」だの、「ご見物する」だののいうような舌足らずである。

㈡みたたしし

「全釈」が「『みたち』と名詞に訓むよりも、動詞としてミタタシシと訓む方がよかろう」と言って旧訓を捨てた。古人でも「略解」がこう訓み、さすがの「古義」も、こう訓んで、「用言の頭にもミの言をおく例、既（すで）に云るが如し」と逃げている。それは、「みとらし」だの「みはかし」「みけし」の類（たぐい）で、何れも、用言でも連用の名詞形だからで不思議がない。だから「み立たし」なら良いのであるが、「みたたす」とは、やはり言えない。だから用言の頭

にもミがつくからというのは言い逃がれである。「みたたしし」と訓むには、同じ連用形でも、過去辞の「し」が添う以上、上の「みたたし」は動詞である。ミはやはり、名詞への接頭辞で、動詞へはつかない故、残念ながら、この説は従いがたい。

みたたしの

今の学者では、前述の「全釈」のほか、「考」もこの説であるが、「万葉集講義」の山田孝雄博士に至って、これを、

「御(み)立為(たたし)之(の)島の荒磯を今見れば」

のように、ミタタシノと訓まれることである。どうも、「御」も「立」も「為」も皆訓でよむから、「之」も訓で「の」と訓んで大いに面白い。「お立ちになった所の」の意味である。この意味を日本語では時(テンス)を無視して「御立たしの」と言えるのである。「明治天皇お野立ちの跡」「八代将軍お成りの間」など、今でも言える。問題は今一つあって、

旦覆(あさぐもり)　日の入りぬれば　御立之　島に下り居て　嘆きつるかも（一八八）

これをば、今まで「為」を落としたものとし、本文を直してやはりミタチセシと訓む。ここに「為」がないと到底そう読まれないからである。今本文を直さずにそのまま訓むなら御(み)立之(たたしの)とは訓めないことはない。御立をミタタシと訓めるから本文を直さずに「御立為之」と「御立之」とを共通に訓める訓は、ミタタシノと訓む訓だけである。

してみれば、ミタチセシ（若しくは、ミタタシシ）と苦しく訓むよりは、ミタタシノとなだらかに、美しい訓のまされるに如かないと思うが、如何であろう。此も敬語法の吟味から得た一断案である。

もっとも、「み狩する」という訓みは、ただひとつである。

御獦為　雁羽の小野の櫟柴のなれはまさらじ恋こそまされ（三〇四八）

しかし此は、「みかりせす」と訓めないこともない。そう訓むべきである。「み——す」という動詞例は他にはなく、他はみな、「御猟立た師斯」（四九）、「御獦尓立之」（一〇〇一）、「御猟曽立為」（九二六）の類であるから。

今ひとつ「御立たしせりし」はある。巻五、

たらし媛　神のみことの　魚釣らすと　美多多志世利斯　石を誰見き（八六九）

どうもこの「せり」は、くせもので、もちろん、「し在り」を早く言った語形（いわゆる助動詞「り」）は、いくらか、当時は敬意がこもったものか、「雷の上に庵せるかも」「我が大君は衣笠にせり」など言うから暫く問題外にして置く。

八　物語文学と敬語

平安文学一般

日本の敬語の遺憾なく発達したのは、平安時代の物語文学であることは言うまでもない。しかし、それは貴族文学で、高貴の人々が主題になっているだけに、自然に敬語が沢山使われるのであるに係らず、当時の敬語法は今日から見れば、まだ甚だ厳密であって、決して滅多やたらにはんらんしているわけではない。おのずから限界がある。

第一の限界

婦女子の手に成る物語文でも、物語の運びは会話体（「です・ます」体）ではなくして、独白体（「だ・である」体）である。つまり、当時では会話体は「侍り」で運ぶのに、全文は、会話の詞でない限り、「在り・なり」体である。

御つぼねは桐壺なり。（桐壺）

まさなきことどもあり。（桐壺）

その恨み、ましてやらんかたなし。（桐壺）

かしづきたまふこと限りなし。（桐壺）

見奉る人さへ露けき秋なり。（桐壺）

今日の講談物の「でございます」「ではございません」体や、銭形平次物の「です」「ます」調では書かれないことは、「日記」「物語」を通じて一様である。

第二の限界は

形容詞や形容動詞や副詞や状態語にはつかず、今日の「お早い」「お美しい」「お静かに」「およろしく」などのようなことはない。まして、接続語「就きまして」とか、「そう致しますと」などいうような類は全くないのであった。

苦しき事のみまされば、云々。
いと苦しげに、たゆげなれば、云々。
より所なく、心細げなり。
数日苦しき事のみまされば、云々。
いと匂ひやかに、美しげなる人の、云々。
いとよわうなれば、云々。

「いで、およずけたる事はいはぬぞよき。よしさば、な、参り給ひそ」

「およずけたる」「いはぬぞよき」に対して、「行くな」の方を「参り給ふな」というように、「給ふ」をつけ、その上に、行くといわずに「参り」と謙称を用いたのは、「源氏の許へ」だからである。

まみなども、いとたゆげにて、いとどなよなよと、われかのけしきにてふしたれば、

「臥す」は動詞だが、ここは動作よりはむしろ「たゆげ」「なよなよ」「われかのけしきにて」と続いて状態であるから、「臥し給へれば」とは言わないが、これでさしつかえなかったらしい。

ただ五六日のほどにいとよわうなれば母君奏して、罷出（まかりいで）させたくまつり給ふ。いと匂ひやかに美しげなる人の、いたうおもやせて、いとあはれと物思ひしみながら、ことに出でても聞こえやらず、あるかなきかに消え入りつつものし給ふ。息も絶えつつ、聞こえまほしげなる事はありげなれど、いと苦しげに、たゆげなれば、云々。

名詞

源氏物語の主人公の本名はわからない。ひかる（光）は、「たとへむ方なく美しげなるを、世の人、ひかる君と聞こゆ」、世人が、そう申した「たたえ名」、敬愛の呼び名、いわばあだ名である。だから、「ひかる」は「薫る中将」「匂ふ（兵部卿の）宮」の「かをる」「にほふ」と同様の連体形の修飾語にほかならない。それを世間は、「源融」「源順」の本名のような一字名と早合点して、ずいぶん立派なかたの本にも、「光の君」と、「の」を入れて呼んでいるのはいかが。

因みにいう、藤原道長の女、彰子の「アキラケイコ」も、連体の修飾のあきらけき子というほめた名であったろう。「源の融（とほる）」「源の順（したがう）」「渡辺の競（きそふ）」など、四段活動詞の名は、終止にも見えるがやはり連体形で付いたものだったろう。吉田茂さん、中田薫博士の尊名も、本来はこういう連体形の固有名詞であろう。ただし、今でこそこうして平気で実名を口にするけれど、昔はそれが禁忌（きんき）でそうそう口にしなかった。だから実名をいみな（諱名）という。こうして紫式部・清少納言・赤染衛門みな、実名を呼ぶことを避けた名で、これのみ後世に伝わって、本名が伝わらずにしまった有名人が多い。

源氏物語五十四帖に出て来る個人名が、惟光などのみ実名で呼ばれて、他は、頭の中将、兵部卿の宮、桐壺の更衣、葵の上、紫の上などみな換喩（metonymy）であって、その心持は、やはり敬称名詞にほかならない。だから実は源氏物語の主人公の本名はそのためにわからないのである。

代名詞

雨夜の品定めの条で、頭の中将が、源氏の前で、自称を「なにがし」と言って居り、源氏自身は、惟光に向っては「われ」と言って、花の宴の巻で、朧月夜の内侍に対しては「まろ」と言っている。

今の語にしては、「なにがし」は、「わたくし」と言った口調、「われ」は「おれ」と言った口調、「まろ」は「わたし」といった所であろうかと思われる。

源氏が、紫の上へも自分を「まろ」とおっしゃること、「若紫」の巻にも「末摘花」の巻の終りの方にも見えていた。

第二人称代名詞

相手を指して表現することは、露骨で、失礼になるので、物語文などには殆んど用いていない。山田孝雄博士の平安朝文法史には、源氏物語、柏木の巻に、「なんぢ」を一つ、また、「きんぢ」を蜻蛉の巻に三つ、少女の巻に一つを挙げてあるに過ぎない。これらはもと、旧い代名詞は敬意が全くなくなって、貴を添えた敬語、汝貴・公貴であって、なお目下にしか使われていない。

動詞の敬語

敬語法は、動詞にいたって最高潮に達する。けれども、厳しい限度があって、後世のようにやたらには敬語を反復しない。

第一の限度は、中止法形で、幾つか重出する時には、最終の一つをもって代表させて、全部に繰り返しはしない。例えば、

涙にひぢて、明かし、暮らさせ給ふ。
はかなき心地にわづらひて、まかでなむ、とし給ふ。
こゝろづかひして、御子をば留め奉りて、忍びてぞ、出で給ふ。
いと匂ひやかに、美しげなる人の、いたうおもやせて、いとあはれと物思ひしみながら、ことに出でても聞こえやらず、あるかなきかに、消え入りつゝ、ものし給ふ。

存在詞「あり」「おはす」

これが動詞の敬語の第二限度である。即ち「人」には「おはす」の方を用いて、「事」に

は「あり」の方を用いる。

此の御匂ひには、ならび給ふべくもあらざりければ。まさなき事どもあり、煩はし給ふ時も多かり（一本時もあり）

おんちぎりや深かりけむ、世になく清らなる玉のをのこみこさえ生れ給ひぬ。

後世の気持では、「おんちぎりや深くおはしましけむ」など言う所を、古典時代には、「深かりけむ」でよかった。

はかばかしき御後見無ければ、こととある時は、なほ、よりどころ無く、心細げなり。

何事か、あらむとも、思ほしたらず、侍ふ人々の泣き惑ひ、上も御涙のひまなく流れおはします。

太液の芙蓉、未央の柳も、げに通ひたりしかたちを、唐めいたる粧ひはうるはしうこそありけめ。

ともしびをかかげつくして起きおはします。

その頃、高麗人の参れる中に、賢き相人ありけるを聞こしめして（桐壺）

これは、もちろん敬語を用いることを要しない所であるから、「人」でも「ある」を用いている。この高麗の相人（人相見）が、光君の御顔を相して言った所に、

国の親となりて、帝王の上なき位にのぼるべき相おはします人（桐壺）

と言っている。「相が」であるが、そういう相が「あらせられる」でいいが、「おありになる」意味で、「おはします人」と言っている。やや後世的である一例を、この外人の言葉に

見る。

源氏劈頭（へきとう）の「ありけり」、これが大問題である。

いづれの御時にか、女御・更衣、あまたさぶらひ給ひける中に、いとやむごとなき際にはあらぬが、すぐれて時めき給ふありけり。

この最後の「ありけり」を、そういうおかたが、「あった」と解して世間はいぶからない。すぐ上に「やむごとなき際にはあらぬが」と言っているからである。しかし、上の方は、「際（きわ）」であって、「人」でないから、「あらぬ」で正当であるか、もし、下の方が「時めき給ふおかたが」だったら、「ありけり」では失当であって、私は、当時の名流婦人の殊に紫式部ともあろう人が、そんな失当な文章を書くはずがないから、この「時めき給ふ」の下に了解している名詞は、「人」ではなくして「事」の方であろうと信ずる。そう解しないと、「が」の主語が重複して悪文になる。そういう悪文を冒頭に書くはずが絶対ない。

では、どう解くべきであるか、この冒頭を。私は、こう解きたい。

大した家柄ではないかたが、非常にお寵愛を得られたトキ/コトがあった。

トキまたは、コトなら、ありけりが正当であって、その上、前の方も、……でないおかたが、後の方も、ご寵愛を得られたおかたがと重複せずに、すらりとなる。

非常にご寵愛を得られたコトがあったと「事」に説いてよいと思うか、一歩進んで、私はむしろ、冒頭に、作者がわざと、ぼかして、「何れの御時にか」と言った、そこへ照応さして、大した門閥（もんばつ）でもないおかたがお栄えになった時があったと見る方が、文章として、首尾、まはずが合って美しいと思う。

ここの所を谷崎源氏の再版は、初版のあらぬがのがを、反意接続のがに取った誤りを訂正して、正当に、主語のがに改められた。ただ、後の方をば、依然として非常にお栄えになったおかたがと解される関係上、多分この主語は同格だから、というので、上の方の「が」をば、「で」と訳して、非常に高貴な家柄の出ではないおかたで、（すぐれてご寵愛を蒙（こうむ）っていらっしゃるお方があった）とされた。

最初の一行の、「いつ頃の御代のことであったか」は、「こと」だから「あった」でよいが、終りの「お方が」は「あった」では、女御・更衣という「人」のことであるから、「あった」では、どうかと思われるのである。

「対訳源氏物語」もそうであるから、専門家に従ってそうされたのであろう。

しかし当時、敬語の用法の寸分の隙なく使い分けられてあったはずの貴族文学に、どうも更衣を「ある」ということがなかったはずではあるまいか。

九　後代の敬語

はべりの変遷

はべり（侍）は、もと卑称*である。語原は、尊い人に従って低く平伏している様を、蔓草などの這っている様にたとえて言った表現であろう。「這ひ在り」を万葉に「はへり」と歌ってることが、しばしばある。

山高み谷辺に蔓有玉葛（三七七五）
谷せばみ峯べに延有玉葛（三〇六七）

古事記伝に、「波閇理は貴人の御前に在る由にて、此言の意は匍匐在と云事なり。俗に、匍匐居と云に同じ」とあるは、正解であろう。

「侍」字は、万葉集には「さもらふ」と訓じている所、四個所はあるが、「はべり」と訓じている所は見えない。しかし、既に日本書紀には神代の巻に、以二……五部神一使二配侍一を初めとして、「侍り」が十個所もあるほかに、在・有・住・居、などを「はべり」と訓じていること数十個所に及ぶのを見ると、中には、平安朝式にそう訓じた個所もあるかも知れないけれど、大体、太安麻呂の書紀を書く時にすでに侍りという語があったことを推断してよかろう。

これが、平安時代に下って、謙称に用いられて、自分の存在「ある」の意になり、「に（て）はべり」は丁寧語になって「です」の意になった。これは**丁寧語の初見**である。およそ丁寧語は、平安朝文学から見え出して後世ほど盛んになる。「侍り」という語は、国語史に見えた最初の丁寧語で、鎌倉以降中世は、この語に代って「さうらふ」（候）が用いられ、中世の末から「ござあり」「でござある」、これが後の「でございます」から、「です」

につらなって行く。

＊「侍り」を、大言海・大日本国語辞典ともに、「在り」「居り」の敬語であると言う。敬称・謙称・丁寧称を含めて敬語としての説明であろう。事実、原義は、卑称であったから臣下のものに「汝ここにはべれ！」とある。どうしたってここは、敬称ではなしに、卑称だから、かように「汝居ㇾ之」を「はべれ」と垂仁紀に訓じてある。天皇が、天の日槍が帰化した時におっしゃった勅語である。天皇が、臣下へ敬語をお使いになるはずがないから、「在り」「居り」の敬語と言うは如何。

さうらふの変遷

さうらふ（候）は、鎌倉期にはまた saurau これが江戸時代からは so-o ro-o となる。平安期には、さぶらふだったろう。その語原は、万葉の佐毛良布だったろう。

朝なぎに、へむけ漕がむと左毛良布と我が居るときに（四三九八）

鶉なすいはひもとほり、雖侍候、佐母良比不得者（一九九）

語頭の「さ」は接頭辞（参照、さ寝・さ迷ふ）、「もらふ」は「もる（守）」のいわゆる延言、「守り合ふ」であろうから、原義は「侍」に近かったようで、初代紀に、

爾二神、亦同侍ニ殿内一善為ニ防護一

の侍を「さもらひ」と訓じている。

景行紀五十一年の条にも、

故侍ニ門下一、備ニ非常一

とあって、守衛、守護に任ずる方を「さもらふ」と訓じている。故に、そこに居ることではあるが、貴人の守りに居るのが、「さもらふ」で、転じて「さむらふ」から、「さぶらふ」になったもののようである。

平安期のものには一々濁点をつけないから、それが、「さぶらふ」になったか、どうかわからない。いずれにしても音便で、これが、「さうらふ」になって、ソーローに発音されて来たのは江戸時代で、室町時代末には、「さんさうらふ」「さうさうらふ」「さうさう」「さうさ」「そうさ」、これが今日の「そうさ！」であるが、一方、連濁を生じて、「さんざうろう」「さんぞうろう」「そうぞう」「そうぞ」が出来て、足利時代末の講義口調に、「そうぞ」「云々ぞ」「あるぞ」「行くぞ」など「ぞ」留めの多いのは、今日の「そうさ」などの「さ」と同源の「候」「ㇾ」の名残(なご)りである。だから、桃源和尚(とうげんおしょう)などえらい坊さんだちの史記を講ずる口調に「ぞ」「ぞ」言ってあるのが、「此ぞよき」「とは何ぞや」などの「ぞ」のように聞こえて、荒い口調に聞こえるけれど、実は、「候」と留めた語気で、今なら「です」調の語なのである。

また、それだから、今日の「そうさ」も少し柔か味がある口調であることも頷(うなず)かれる。

「……で候」から生じた狂言の語の「でそう」「です」も、江戸初期にあらわれて、やがて消えるが（今日の「です」は明治期の新しいもの）、この「す」が田舎の方言に残って、「そうす」「こうす」と言う。「そうだ」「こうだ」よりは柔かで、少し丁寧な口調であるのは、やはり「候」の名残りだからである。

この「す」が、全国的の「な」という感嘆的終助詞へ結びついて、「こうだなす」「そうだなす」（盛岡）、また「こうだなんし」（会津）、「こうだねす」（仙台）、「こうだねさ」（秋田・青森）と分布して残っている。即ちこの「す」「し」「さ」は皆「候」の極端に短かくなって存在する形で、元は丁寧形なのである。

ござるの変遷

貴人の存在を意味した平安期の「おはす」が段々訛って中世は、狂言などのワスにまでなり下ると、敬意が乏しくなり、これに代るものに「御座あり」があらわれた。

御座は、貴人の座である。「貴人の座がある」ということは、婉曲に「貴人が居られる」意味になって、今の語の「いらっしゃる」ことを言う語になったのは中世も末の室町末期であろう。

細川幽斎が、二条家伝統の秘伝の歌学を伝えている唯一人であった故をもって、公卿の烏丸光広が、訪問して教を乞う、その一問一答を筆記した「耳底記」に、当時の口語の口調が見える。幽斎は、光広卿へ権威をもってお答えをしているが、「そうでござある」「そうでござない」で、まだ「そうでござります」までは来ていない。この「ます」は、も少し時代が下って、丁寧形「まいらす」が、「見まいらす」「聞きまいらす」から「見まらっす」「聞きまらっす」更に「見まっす」「聞きまっす」となり、更に「見ます」「聞きます」となったこの「ます」が「ござあります」と付いて「ござります」となったので、江戸の中頃以後からである。

故に「ござあります」は貴人の存在「いらっしゃいます」ことだったが、それから転じて、「あります」の丁寧形となって「そうでござります」「こうでござります」となる。手紙の文にも「左様にござ候」「左様にはござなく候」など言う所から、無生物の存在にまで及んで「お変りもござなく候や」などいうことが生じた。「お変り」は無生物ゆえ「ござなく」は実は変なのである。本当は

「お変りもなくござあそばされ候や」

「お変りもなく、いらせられ候や」

などであるべきのを早く言って、まちがった形だったが、口語でも、うっかりすると

お変りもいらせられませんか。

という人があるが、やはりこれはまちがいで、

お変りもなく、いらっしゃいますか。

を早く言った形である。

ちゃんとしたかた、正しい言葉づかいをされるかたのお手紙は、約束したようにみな、「お変りもなく」であって、「ござなく」とあったためしがない。

ただ、ここに、「である」の丁寧形として、「でございます」が用いられる。

あいにくでございます。

うれしうございました。

そこから、コンマーシャリズムは、物にも
　ございません、ございました
を普通に丁寧形として使い出した。しかし物品だけ。人間なら、「いらっしゃいます」「いらっしゃいません」だ。

電車の中で

切符の切らないかたはございませんか。
と車掌のいうのを、今泉忠義博士が、これは人間を品物のように言っていると笑われたことがある。なる程、人間をいうのであるから、
　切符の切らないかたがいらっしゃいませんか
が正しい。尤も「居る」「居ない」を問題にするから、そうなるが、単に「有無」を問題にする時には随分、
　切符の切らないかたありませんか
でもよい。事実の有無だけを問題とするのであれば失礼にならないようである。

「です」の発生

「で候」から出た昔の「です」は廃ってしまって全く聞こえなくなり、「おはす」から新しく出発した「ございます」が、「なり」の丁寧形「でございます」の形をもって二百年も使

われる間に毎日毎日高い繁度数のため、段々すりへらされて、「でござます」「でござんす」に止まっていなかった。「でござんす」が、「でごあんす」から一方「でごんす」「でごす」になり他方「でがんす」を生じて田舎には今でも行われるが、これからまた、一方「でがす」、他方「であんす」となる。これも田舎には使われるが江戸では進んでこれまた一方「であす」「でえす」となり、他方に「だんす」「だす」が出てこれも田舎に今も存するが江戸ッ子は「でえす」から「です」にしてしまって明治語を作り上げたのである。

尤も一方に、「でございます」から「でざいます」「ざいます」が出て私はこれを南信飯田の上流のお年寄りの口に聞き取った。「そうざいますわいな!」と生きていた。これから出た「ざます」「ざんす」が一部の女流に行われる。これを表にすると――

```
でございます┬でござんす—でごあんす┬でごんす—でごす
            │                      └でがんす┬でがす
            │                               └であんす┬であす—でえす—です
            │                                        └だんす—だす
            └で(ご)ざいます—(で)ざいます—ざいます—ざます—ざんす
```

補助動詞「なさる」型の敬語

「成す」の敬語「成さる」が、すべての動詞の連用形へ付いて、それを敬語にする。「しなさる」「書きなさる」「見なさる」の類。今一段上の敬語法は、動詞の上へ「お」をつけて、「お書きなさる」「お出でなさる」「お帰りなさる」の類である。

この形は、自由で、あらゆる活用の動詞がみなこうなり得る便利な形であって、可なり普遍的に、近い頃まで中央にも行なわれた。「お——になる」という形に取って替わられるまで。

ただし中央でも命令形だけは今でもごく普通につかわれる。「お書きなさい」「お休みなさい」「お帰りなさい」「お掛けなさい」「おはいりなさい」「ご覧なさい」「ご免なさい」など。

また、江戸ッ児は、連用形が「て」「た」へ続く時に限って、「なさって」「なさった」の代りに「なすって」「なすった」と言う。殊に男子の語に。

「お帰りなすって」「お帰りなすった」

「ご免なすって」「おひかえなすって」

やくざの仁義の語などもその形でいう。

京阪方言の行きやはる、来やはるは、この「なさる型」の残った形らしい。更に短かく、

「行かはる」「来やはる」

「お休みやして、おいでやす」は、「お休みなさってお出でなさい」の軽くなったものであろう。ただ、「おいでやせ」といわずに、「おいでやす」は、少し変っている。命令形の代りに終止形を用いた命令法である。東京の「いらっしゃいませ」の所を、「おいでやす」というのもこれであろう。

補助動詞「あり」型の敬語

「在り」は自動詞で、貴人の行動は、なるべく自動的に言うのが敬語の精神だから、「行く」「書く」「取る」という類の他動詞の作動的な動作にも、「在り」を添えて、自然にそうなったように言うのである。

行きある——行きゃる
書きある——書きゃる
取りある——取りゃる
泣きある——泣きゃる

これが敬語だった。が、も少し敬意の加わる形は、やはり、上に「お」を添える、

お書きゃる　お泣きゃる　お取りゃる

の類である。

東北の盛岡方言の動詞の敬語形が現にこの形を通用しているが、きゃ・りゃとなる所を、開いたエ音にするから変に聞こえるだけである。

おでァる（「お出である」の義）odɛru
お泣きァる（「お泣きある」の義）onakɛru
おはェりェる（「おはいりある」の義）ohɛrɛru

その命令形は、少くとも三段に区別があって

動詞	普通敬意の命令	やや高い敬意の命令
はいる	おはェらェ　ohɛrɛ	おはェりェんせ　ohɛrɛnse
来る	おだェ　odɛ	おだェんせ　odɛnse

もっと高度の敬意の命令が、
おはいりありませ　おはェりゃりァんせ　ohɛrɛrianse
おいでありませ　おだェりァんせ　odɛrianse
となる。婦人語に多く聞かれた。

第四章　現代の敬語

どうあり、どうなるべきものか

一　序　論

敬語廃止論をめぐって

日本語のいろいろな特質のなかでも、敬語の発達の著（いちじる）しいことは、注目に値する。が、これまでの敬語は旧制度の旧生活の中から生まれたもので、時代が大きく変った今は、当然ある変化が来なければならない。それで、ある一派の人々は、まず、こういう――四民平等の民主主義国家になっては、封建時代の残存物などは無用の長物だ。これからは夫も妻もたがいに「おれ」「おまえ」でよいのであると、故兼常清佐（かねつねきよすけ）博士などが常にそう言われた。

他の一派の人々はそれに対してこういう――いくら民主主義の世の中になっても、個人が互に他の個人を尊敬し合うことがむしろ民主主義の主眼であるから、敬語が決して無用のものとはならないであろう。

さらに一歩すすんで、またこういう人々もある。

敬語は日本語の美しさである。日本語のうちにも女性語にとくに敬語が多く、日本の女性のことばは世界一美しい言葉である。これは大事にしなければならない。

なるほど、適正な敬語が、過不足なく軽重よろしきにかなってキッチリ行われるときに日本語の会話が美しさの極致に達する。

けれどもまた、「きみ・ぼく」の間柄の、ごく親しい同志の、従って、敬語抜きの会話にあっても、ごく自然な、親しみの情の妬(ねた)ましいような会話の流れには、やはり美しさがじゅうぶんなものがある。

しかし、敬語も度を過ぎて阿諛弁佞(あゆべんねい)に流れるのは、聞いていて胸がわるくなる。それほどにも見えない人柄で、八百屋の店頭に立って雄弁を振う妻君などの一々「お」をつけて、おねぎはいくらの、お大根がいくらと言いまくるのを聞くときなどは、うんざりさせられる。

だから敬語も、人と時と所とにしっくり調和することがやはり美しさの要件である。だから、保存するのなら、適正な敬語を保存すべきで、濫用(らんよう)は避け、行き過ぎは戒(いまし)め、誤用はこれを正して、新しい世にふさわしい程度の敬語を保存すべきであろう。

敬語の誤用

では、誤用というのは、どういうのがそうであるか。

言葉は、論理的なものではないから、論理的にはへんでも、十人が十人用いておかしく思えなかったら、もう誤用というべきではなかろう。おとうさま、おかあさま、神様、仏さまにならって、「先生さま」は、素朴(そぼく)な人などには聞くけれども、良識にはおかしいから誤用とする。所が「人」でもないのに「あいにく」ということを「おあいにくさま」、「気の毒」ということを「お気のどくさま」などいう、それはあいさつ言葉となって、もうおかしくなっている。ただし「さよう」ということを「おさようさまで」などいうのは、少しばかげておかしいのではあるまいか。天候にまで「お」をつけ「さま」をつけて、「お天気さまで」と来るのは農村のあいさつ言葉である。「おありがとうさま」となると、いかにも、つけ過ぎである。

慣用句

誤用といえば、「御座ある」は、もと「居る」の敬語であるが「である」の丁寧語にまで転用されて「でござる」と、人以外の「こと」や「物」にまでいうようになった。すなわち「お変りもなくいらっしゃいますか」のことを、「お変りも御座なく候や」また「お変りもございませんか」など、誰も笑わない普通の言葉づかいになったから、もう誤用とはいわれない。ただ「お変りもなくいらっしゃいますか」「お変りありませんか」を混同して「お変り」がもいらっしゃいませんか」などいうのもよく聞くけれども、どうであろうか。「お変り」が「人」のようになっているから、どうもおかしい。混同の誤りである。

「ている」の語感

「調べていらっしゃる」ことを、「お調べになっている」という人もある。「いる」では失礼なようで、「お調べになっていらっしゃる」と言い直したいが、ただし、「お調べになっている」と言う分には少しも失礼なように感じないのであるから、「ている」も、もはや「居る」ことではなく、単に存在体の助詞化したものとすれば、理窟（りくつ）がつかなくもない。ただ「て居る」と意識されるために「居る」では、すまないように感じられるのである。良識の批判を待つところである。

この「ている」は、随分著名な作家も使って、舟橋氏の小説や国文の大家の文などにも見えるが、まだ私などには「居る」と敬語無しに言うことは失礼なように聞こえるけれど、一つ若い世代には、別段、耳障りにならないそうで、考えるとそれは一理ある。「山の上に石碑が建っている」「柱時計が止まっている」など、「ている」は単に助辞化して、「居る」とは言えない無生物にも使って、「居る」の原義は薄れているから。たまたま生きている人に用いると、「居る」の意味がよみがえって、われわれに気になる。「してる」としてしまえば完全に助辞化する故にわれわれにも、少しも異様にひびかない。「ている」も、この「……てる」と同じに感じて来るのが本当であろうか。もっとも、土岐善麿博士などは、私などと同様、穏やかでないとハッキリ否定される側である。記して後の考えを待つことにする。

二　名詞・代名詞

名　詞

現代日本語で、敬語法の問題になるのは、代名詞と動詞であろう。名詞は、上に「御」下に「様」等をつけさえすれば簡単に済むから、あまり面倒はない。

御は、ご（主にご勉強・ご入学など漢語に）、お（お手・おからだなどの類、稀に元気・お丈夫なども）、時におんがあって、これは純国語へつくはずであるのに、重みをつけるために、わざと「お礼」を、「おん礼」などと気取って言うのも聞かれる。だまって「お礼」ぐらいでもよかろう。どうせ礼は字音だが。

我が父母

わが父・母の敬称に、父上・母上があるが、文語になって少し耳遠くなったために、「御」「様」を加えて使ったり、甚しいのは、他人の父・母の尊称に使う人もあるが、それは御父君様・御母君様の誤りだ。

それから、漢文の影響下に、我が身内を、愚父・愚母・愚兄・愚妹の類の名詞の謙称があったが、もとこれは、自称代名詞の「愚（わたくし）」の父、わたくしの母ということで、父が愚かだと謙遜したのではないのに、そう誤解していることが多い。愚弟と言ったって、「おろかな弟」ではなく「私すなわち愚の弟」ということなのに、「なに愚弟なものか、賢弟じゃないか、自分こそ愚兄だよ」など言った話がある。言った人こそ笑の種だ。

妻の謙称

「愚」はまだしも、荊妻とまで言ったものだった。家については弊屋・矮屋など。私の手紙も愚札・卑書・卑簡など言ったものだが、こんな漢癖はどうかと思う。あべこべに、「（うちの）おやじ」だの「おふくろ」などは、まだまだ言う人がいるが、そこまで行かず、単直に「父」「母」「兄」「姉」でよかろう。これをうっかり、家で呼んでいるように、お父さん、お母さんなど、外へ行って言ったら、社長さんに怒られるまでもなく、子供でない限りは、みっともない。

代名詞を避ける場合

代名詞の代りにつかわれる名詞がある。

日本では、えらい人を（父・母・先生も）指して言う代名詞を使うことが失礼なようで、避けられる気持がある。

例えば、「お父さん！　お父さんはご存じですか？」と言って、「あなたはご存じですか」と言わない類。

先生に対しても、「あなたは」とは言わずに、「先生は」と言う。知事に対しても、あなたがと言いたい時に「長官が」というのが礼儀のようである。「大臣が」とか、「総理が」とか言うのも、向ってそう言うようである。

さて、日本の代名詞であるが、なぜヨーロッパ諸国語のように、アイとか、ユーとか、簡単に行かずに、自称が、わたくし・あたくし・わたし・あたし・あたい・僕・我が輩(はい)は、まあよいとして、対称の多いこと、貴殿・貴所・貴公・貴兄・貴様・なむち・きむち・そこもと・そちら・そこ・そっち・お前・きみ・あなた・そなた・お手前・おめえ・うぬ等々。何故こうも多いのであろうか、というに、今言った通り、じかに、指して言うことが憚(はばか)りでもあり、一つには、初めは敬意があっても一般化して敬意が薄らぐため、新しい語、新しい語と、敬意を新たにして言わなければならなくなるからであった。

意義の下降

上代の「な」でも初めは敬語だった。複数形を一人へ、他をふくめて婉曲(えんきょく)に言ったものだったから。それが敬意が薄れて「なむち」と「むち(貴)」を添え、それでも「なんじ」は目下への語になる。そこで「きみ・むち」の「きむち」(君・貴)が出て来たものだった。「お前」も昔は、その身を指さずに、その前あたりを指した敬語だったのに、後には目下への語となる。

貴様だって、江戸時代中頃までは、武家の間に、「貴(所)様」の様な気持で言う敬語だったが、今では、けんかの時など、怒られる時などに言われる語となった。

だから語原は敬意があっても、久しくなると、使えなくなるから、あとからあとから交替して、今日でも同時に色々な代名詞が使われるわけである。どうか、これからの世には、人間平等になるのであるから、もっと単純化されてほしいものである。

今日の代名詞

現代最も多く用いられる代名詞が、相手によって、「わたくし」「あなたさま」、「わたし」「あなた」、「きみ」「ぼく」、「おれ」「おまえ」などであろう。

主人公が「おれ」「おまえ」、奥さんが「わたし」「あなた」が、かなり広く行われるようだが、これでは、少くとも、男女同権にはならない。もっとも立派な家庭では、夫妻たがいに「わたし」「あなた」で差別ないところもある。これからの代名詞は、この方向へ行くのではあるまいか。

夫妻の間ばかりでなく、職場でも、また上官と下僚との間でも、公務員と民間人との間でも、一様に、たがいに「わたし」「あなた」でもって、ちょうど英語の“I”“you”のように行ったら、民主主義の代名詞がはっきり成立するのではあるまいか。「おれ」「お前」もだんだんこれに交代してつかわれなくなってほしいものである。「きみ」「ぼく」も男性の子供、及びごく親しい間がらだけのことで、世間一般には、やはり「わたし」「あなた」をつかう。

こうして、「わたくし」の方は改まった時の形とし、常平生(へいぜい)の形は「わたし」の方を基準とするか。女性には「あたし」ぐらいも認め、また時には「あんた」ぐらいも認める。いっぺんには行かないことであるが、まずその方向へ、段々に向って行ったらよいのではなかろうか。

三　動　詞

動詞のむずかしさ

現代の敬語のむずかしさ――若しもむずかしいというなら――は動詞であろう。よく、田舎から出たばかりの娘が、「いう」というんではない、「おっしゃる」というもんだと教わってうっかり、「私がおっしゃった」と言って笑われて真赤になる。あるいは、「食べる」ことを「頂く」と教わって来て、「奥様が頂きました」という。そこは、「召しあがった」あるいは、「あがった」であるべきだった。

なぜか。

その事を、はっきりさせるために、まず、現今の動詞の敬語法の大綱をここに反省してみよう。

動詞の三段階

一、動詞の敬う形の大体は次の三段である。第一敬語は、普通の敬語、第二敬語は、高い敬語、第三敬語は最高の敬語である。
一般用としては、第一敬語・第二敬語でよろしく、第三敬語はもと宮廷語であるから、庶民には使わなくてもよかろうとされる。

第一表　一般動詞

原形	第一敬語「れる」型	第二敬語「お―になる」型	第三敬語「遊ばせ」型
立つ	立たれる	お立ちになる	お立ち遊ばす
書く	書かれる	お書きになる	お書き遊ばす
帰る	帰られる	お帰りになる	お帰り遊ばす
起きる	起きられる	お起きになる	お起き遊ばす
旅行する	旅行される	ご旅行になる	ご旅行遊ばす
研究する	研究される	ご研究になる	ご研究遊ばす

もちろんこれ以外の形も存在しなくはない。「立たっしゃる」「書かっしゃる」「お立ち-ある」「お書き-ある」「お立ちなさる」「お書きなさる」など。けれども、こういう形は、昔はよかったけれど、今日では、田舎には残っているが、中央語には廃(すた)れた。中央でもずいぶん明治の二十年頃までは、これだった。それがその頃を境として今の「お――になる」型に交替した。

しかし、命令形だけには、「お——なさる」型の「お——なさい」が残っていて、今でも用いられる。「お立ちなさい」「お書きなさい」など。

第一敬語「れる」型

平安時代にはじまった古い敬語法で、歴代使われて今日に至ったが、今日は少し固過ぎるきらいがあるのと、受身の形と同形でまぎれるから避けたい、という説をたてた学者もあるが、大丈夫案外まぎれないし、段々用いられて来るようだ。江戸ッ子学者の東条操さんなどは、それは田舎の人は言うが、私などは言ったことがありませんよなど、あまり好まれないようだった。しかしこの型の好い点は、四段・二段・一段・変格、あらゆる動詞がこの型でなら規則的にみな役立つ。（もっとも四段活には「れる」だが、その他には「られる」と言う）。それだから、東京の中央に、どしどし用いられて来て、もう今では田舎の言葉とは退けがたく進出して来つつある。

第二敬語「お——になる」型

貴人の動作である。それ故に、書くをお書きになる、するこをも、なるように言うのが、読むをお読みになる、行くをおいでになる、のように言うのである。以前の形は、「お書きなさる」、「お読みなさる」のように「なさる」をもって表わしたもので、明治になっても、二十年頃までの小説は、この方で会話を運んだ。大体二十年頃を境として、「——なさる」に交替したのがこの「お——になる」であった。おいでになる、お言いになるともいうが、もっとよく言う形は、いらっしゃる、である。「為（す）る」だけは、「おしになる」とは言わず、「為（な）す」の方を用いて、「れ・る」活用に活用させて、四段に変化させ、なさら・なさり・なさる・なさる・なされ・なさいと言う。但し、連用形「なさり」を、「なさい（ます）」、命令形を「なさい」と言うなど、大分変化をして不規則になっている。

皇室用語

皇室用語の方のその筋のかたがたや大新聞社の方の一致した取りきめで、特別な敬語はやめることになり、第一表の一般人用の敬語のうちの高い方を用いることになったから、なるべく、「お——になる」「ご——になる」型が用いられるようにきまった。

違　例

陛下は今回九州へ旅行される　（軽過ぎ）、（ご旅行になる）
殿下は今朝東京駅をたたれた　（軽過ぎ）、（おたちになった）
社長はご出発された　㈠㈡の混交、（出発された・ご出発になった）
ご調査されました　㈠㈡の混交、（調査された・ご調査になった）
ご調査になられました　㈠㈡の重複、（ご調査になりました）
ご旅行になられます　㈠㈡の重複、（ご旅行になります）
ご旅行しました　（舌足らず）、（ご旅行になりました）

特殊の不規則動詞

身近かの動詞は、日常たくさん用いられてすり切れたり、敬意が薄らいで新形を要求したり、第一表の規則通りに行われず、違った形を取りたがる。すなわち、不規則動詞である「在る」「為(す)る」「行く」「来る」「言う」「食う」の類である。

これらの身近かな動詞には、敬称の外に謙称が発達していて、用法が複雑になるわけだから、注意しなければならない動詞である。しかも、毎日どしどし使う動詞だから、「遊ばせ型」は、今後は使わない方が望ましい形である故、第二表以下は略してあげない。

第二表　不規則動詞

原形	第一敬語 れる型	第二敬語 お——になる型	へり下る形
居る	居られる*1	いらっしゃる*2 おいでになる	（はべる） （候ふ）
行く	行かれる	いらっしゃる おいでになる	参(まい)る （あがる・伺う）
来る	来られる 見える	いらっしゃる おいでになる	参る

為(す)る	される*3	なさる	いたす
食う	あがる	召しあがる	いただく
見る	見られる	ごらんになる	はいけんする
言う	言われる	おっしゃる	申す

＊1　居られるは、「いられる」「おられる」少しちがうけれど両形がある。その謙称、今日は廃れた。
＊2　いらっしゃるは、「入らせられる」の発音変化で、「い」は居(ゐ)ではないから「居らっしゃる」と思ってはまちがい。丁度、「ございます」の「い」は「ござります」の音便の「ございます」ゆえ、わざわざ「ござゐます」など書くは、新かなづかいを嫌うつもりであろうけれど、それだから新かなが必要だとなる。
＊3　「する」の敬語形の「なさる」はまた稀(まれ)に次のように、第一敬語・第二敬語をつくる。

原形	第一敬語	第二敬語
怒る	怒りなさる	お怒りなさる
叱る	叱りなさる	お叱りなさる
勘弁する	勘弁なさる	ご勘弁なさる
計算する	計算なさる	ご計算なさる

連用形・命令形がイ音便形……「なさい」となって用いられる。

また、男性語には「て」「た」へつづく時に、「なさって」が「なすって」、「なさった」が「なすった」となる。「おひかえなすって、おひかえなすって」というヤクザの言葉から、有識層に至るまでも、江戸ッ児の男性には、かなり一般になっているなまりであるが、そう聞きにくくもない程かなり優勢である。今の第二敬語「お――になる」が、明治二十年頃を境に段々一世を風靡する以前は、実は、この形の方が一般的なものだった。今でも地方には、この方が深く根を下ろしている。京阪の「なはる」「やはる」もすなわちこれである。文法形式としては、この方は規則的であり、どの動詞もこの形で行けるから、廃れかけたのは惜しまれる。

補　註

「行く」の謙称「まいる」ではまだ足りないことがある。相手方へ「まいる」のは「あがる」または「うかがう」という方が丁寧。これは行く所のさきに対する敬意の表示で、上位の人の家である時もそうである。

例

これから役所へまいります

お宅へあがるところでした

社長のお宅へ伺うところでした

「申す」は謙称であるのに、「言う」を丁寧に言う形のように思われて来て、「言われる」「おっしゃる」というべき所へ、「申す」という人が非常に多くなって来た。心すべきことである。

違　例

先生が私どもへこう申されました（言われました　おっしゃいました）

只今みなさんへ総理大臣が申されましたのは……（言われました　おっしゃいました）

きょう大臣が学校へまいられました（いらっしゃいました）

先生はいま昼のおべんとうをいただいてます（あがってます）

丁寧形

自分のすることへ「お」をつけることがあるのは、自分の出す茶菓を、お茶お菓子という と同じ道理で、自分のものごとを尊敬するのではないが、相手の人へ関係する物事ゆえ、丁寧な物の言い方で、やはり「お」がつく。

丁寧形をもって敬称とあやまるあやまりがよくある。丁寧形では、敬称にならないのであることを弁別すべきである。

第三表　丁寧形をもつ動詞

原形	敬称	謙称	丁寧称
会う	会われる お逢いになる	お目にかかる	お会いする
聞く	聞かれる お聞きになる	うけたまわる うかがう	お聞きする
尋ねる	尋ねられる お尋ねになる	うかがう	お尋ねする

違例　先生にお逢いしたいんですが、いつがおひまでしょうか。

（お目にかかりたいんですが、おさしつかえのない日がいつでしょうか）

先生にお聞きしたいことがあります。

（伺いたいことがあります。）

先生にお尋ねします、どうかお答え下さい。

（おうかがいします、どうかお教え下さい。）

結びの丁寧形

「だ」「である」の結びに対し、丁寧に結ぶ「です」「ます」の文体がある。

一　体言には、「です」。　山です・川です・私です・その通りです

二　動詞には、「ます」。（連用形へ）行きます・来ます

三　形容詞には、「です」。（連体形へ）いいです・わるいです・よろしいです

ただし、動詞「ある」には、（従って「である」「だ」にも）丁寧形は二段にある。

第四表　丁寧形の語尾

原形	第一（普通）丁寧形	第二（特別）丁寧形
ある	あります	ございます
である	であります	でございます

だ	です	でございます

「の」または「ん」を入れて「だ」「です」「ございます」で結ぶことはよい。「ゆくんです」「あるんだ」「いいんです」「わるいんです」。

違　例

あるです・あるだ
するです・行くです
来るです・来るだ
わるいあります

丁寧語というものは、尊敬語から来たものもあり（例えば、「ござる」から来た「ございます」、「御」から来たお茶、お菓子などの「お」）、また謙譲語から来たものもある。例えば、「まいらす」から来た「ます」、「侍(さぶ)らふ」から来た「候」の類で、これら丁寧形は、後世になればなるほど、昔より盛んになって来た。

語尾の「よ」「い」

都下の新東京にはいった部分から郡部にかけて、「そうですかよオ」「どうですかよオ」の類の「よ」が語尾について、その語気が丁寧に意識しているようである。東京人には、さも田舎めいてひびくのであるが。

この「よ」の発音の軽くなったのが、東京人の「そうですかい」「どうですかい」のいであり、また、福島方言、「そうだない」「こうだない」のいが、これをつけると目上の人への語だという。江戸ッ児の「そうだね」「こうだね」のねも、もとは、この「そうだない」「こうだない」のないが縮まった形であろう。

群馬方言、語尾へつけて丁寧語になるといういの本体も、実はただもとよの縮まった形のいに過ぎないものであろう。

いろいろな丁寧語

以上動詞について述べたが、動詞以外にも、はっきりその過程のわからないいろいろの丁寧形がある。使用中に、知らず知らずそういう好い意味が出て、丁寧語のように用いられる語形を拾って見るならば、例えば、「こっち」「そっち」「どっち」に対する「こちら」「そちら」「どちら」の類、また「そう」に対する「さよう」の類がある。

ただ「女」というよりは、「女のひと」という方が丁寧になる。『女のひとが見えたよ』「このひと」「そのひと」「どのひと」というよりは、「このかた」「そのかた」「どのかた」という方が丁寧である。「女のひと」も「女のかた」が一層丁寧な語気である。「いくらですか」よりは「いかほど」と言った方、「どう」というより「いかが」という方が丁寧語になる。この類はまだ沢山あることであろう。「居(い)る」というよりは「居(お)る」という方が丁寧である。おひとり、おふたりよりは、おひとかた、おふたかたの方が敬意がある等々。

これらの語彙（ごい）、必ずしも同一理由で一貫してそうなったものではないかもしれないが、例えば、複数の表示のような「ら」（等）は、人に言い、「とう」は人以外のものに言うように知らず知らずなって来たようであるが、その「ら」はまた、尊敬するかたがたのお名前を列挙したあとには言えないようである。例えば、宮様がたのお名を並べたあとに「ら」と言ってはいかにも失礼で、そういう時は何という例になっているか。「など」のかたがたとか、「などお何人」とか言った方が穏やかになるであろうか。

四　地方別

北関東の無敬語

その昔、「あづまごゑ」「あづまなまり」と蔑視された関東地区から、今の東京・横浜のいわば中央方言が発達したが、残された周辺に、まだいわゆる「関東べい」のべいべい言葉が、そっくり昔の面影（おもかげ）をしのばせると共に、驚くべき無敬語地区を温存している。栃木・茨城・千葉の一部で（群馬の一部もその中へ入るか）。

奥羽の入口地方が、発音もアクセントもこの地方そっくりで、無敬語の点でも、やや似て来ている。磐城・岩代・羽前の一部がそれである。

西の方は、相模の山村から駿河の一部へかけてもまたそのようである。また北は、群馬境を越えた越後の一部にもちょっと及んでいるかと思われるふしがある。

それは、これらの地区は「でございます」という言葉が、たといそのどんな崩れた形の、断片さえもないようなのである。奥羽も、もっと北へ進むと却って、でござんす・でごあんす・でがんす・であんす・だんす・でがす・でごえす・でごす・などのいずれかを話しているものである。

それ故、ごくざっとは、この「ございます系統」の語尾があるか、ないかで、無敬語地区か、有敬語地区かが、大体わかる。もっともこの一系の語尾をもたない地区でも、決して、もとから敬語をもたなかったほど野蛮だったのではもちろんない。

敬語と尊敬感情

「敬語は今は、ただ慣用形であって、これをつかうからといって尊敬をしているわけでもなし、これをつかわないからといって、尊敬していないわけではない」という議論もあるが、少くとも起原的には、タブーの感情の進化して礼儀感に磨き直されて発達したものであるから、尊敬感情と無関係では、もちろんない。

ただ尊敬感情と相殺になるのは親愛の感情である。これが無礼講のもとで、「おっかさん、ゆるしてくれ」というようにもなるのである。

今日、無敬語の地方も、じいちゃん、ばあちゃんの類の「様」をつけることは知っているから決して無敬語ではない。動詞が簡単になって、親称が敬称を凌駕(りょうが)しただけである。

山形県の天童温泉へ行った時、三十がらみの女中だったが、まるで敬語をつかわない。試みに、尋ねて見たが、みな敬語抜きの言葉だった。しかし、様をつけることは知っている。

「祖母(おば)ちゃん、こっちゃ来て、お茶飲め！」

栃木県の鬼怒川温泉へ行った時、ちょっと上流の出身の番頭の、善良そのもののような男だったが、ひとかけの敬語もはいらない言葉づかいに驚いた。

この前、旦那が来た時、帰りにこのさかな、是非旦那に持たせてやんべいやんべ思っていたに、つい、持たせてやらねえでハア、旦那が帰るの、おらハア知らなかったテア……

「持たせてやる」は「みやげにあげる」意味だった。

この男と私と立ち話をしているのを聞くと私の方が使われているみたいだと、内の者が言ったほどだったが、好意も尊敬も、私に対して抱いていて、その聞こえる無敬語の言葉は、決して「失礼になる」などの考えが全然無いらしく、親愛感がいっぱいあふれていたんだから、それを失礼と感ずるのは、こちらの勝手な感じで、言う人の心には、そんな感じは毛頭ないらしかったことは、どの点から見てもまちがいなく、そうだったのであった。

こういう純朴(じゅんぼく)さに逢(あ)うと昔の名歌の敬語の整わないみたいな歌も、歌う人の心には、あれで失礼になる感じはしなかったものであろうか。

無敬語の北の界

群馬大学の山崎久之教授の「敬語とその教育」は、関東のこれらの地区が無敬語に近いものだから、北関東以北を全部無敬語地域と速断しておられるが、どうしてどうして、北奥地方は、新潟の海岸伝いに敬語地帯であることをご存じないとみえて、藤原与一氏が指摘された盛岡方言の敬語に小首をひねって居られる。私は盛岡の市中に生まれて、中学を終えるまで市中に住んだが、「でございます」が普通語に、「ごあんす」という形で使われ、少し改まった丁寧形には「ござんす」もある。最も丁寧には、「ござりあんす」とまで言う。仙台には、高等学校時代三年住んだが、「無い」ということを、よく「ござりせんでござりす」「がせんでがす」など言って、「有るのか、ないのか、どっちだ」と笑うことがよくあった。こうして仙台市中では、盛んに「ござりす」「がす」の二段階が少くとも存在する。青森県弘前市の有名な一つ話、「卵は五銭で鶏は一銭」というのは、「卵があるか？——ごせん（御座いません）」、「鶏は？——いせん（居ません）」と答えるからで、ここにも立派に動詞「ございます」が崩れながら、用いられているのである。庄内藩、鶴岡も酒田はなおさらで、秋田もやはり、この一系を有する敬語存在地区である。

たまたま北関東・南奥羽の一地区が、無敬語のゆえに山崎教授が、それからさきの方もそうだと推断されて、「関西は複雑敬語が行われ、東国地方は簡潔敬語だ」とされる。この人の簡潔敬語とは、私の無敬語のことなのだから、こういうと両毛以北はみな無敬語地区だとなるが、ご自分の群馬がしらずしらず標準になってこのような論断になっている。

京阪敬語の一面

私は京都よりも東京の方が敬語が多いし、大阪方言よりも、盛岡方言の方が敬語が多いことを常に痛感しているものだ。

上方（かみがた）では、初めて逢った女性が、私どもとの対話中に「そやろ」「そやろ」を連発するが、直訳すると、「そうじゃろう」「そうだろう」で、とても軽い語だ。東北方言に訳すと「そうだンベ」だが、これは親しい中、対等以下に言うことで、普通私どもは、「そうでしょう」（盛岡なら、「そうでごあんすべ」）と、「です言葉」に会話する所を、上方では、「だ言葉」で私どもに言いかける。「そうや」「そやさかい」、みなこれだ。これが立派な奥さんの口からも、旅館の婦女子の口からも私どもへ発する語である。東京だったら、むしろ「さようでございましょう」「そうでございましょう」ぐらいの返事を待ち設（もう）ける所でそうなのだから驚く。

軽快な敬語

これはほんの一例であるが、名詞へつける敬称でも、天子さん、皇后さん、皇太子さんで、東京の天子さま、皇后さま、皇太子さまという所を、そう軽く言っている。むしろ、京阪の方が、京浜よりも敬語法が軽妙ともいえる位で、決して複雑だとは言い切れない。東京の方は、繁文縟礼（はんぶんじょくれい）と、コンマーシャリズムと、ややいやな原因も加わって、どうも日本一敬語が、複雑になっていて、今後は、もっともっと平明に、単純化しなければ、という要望が京阪語よりも一層強く叫ばれるゆえんもそれである。

この点から、京都の方は、おっとりした一つの軌道の上にあって、東京ほどに、無軌道に陥らず、また大阪はお互が商人同士で、平等になっているせいでもあろう。「そうや」のやなど、「そうよ」のよのようなものであって、それへまたつく「そやろ」のろは「そやさかい」のさかいの類とともに、みな助辞化して、例えば、「が」「の」「に」「を」の類が何の敬意も不敬意もない、そのようなものになり切っているもので、おそらくは、敬語範ちゅうを超越しているのであるかもしれない。そうすれば、ここに、敬語の沙汰には、あずからない語句とするが正しい見方かも知れないのである。

もっとも、関西の方が敬語が複雑に発達しているとする考えの中には、例えば、東国ではあまり聞かない、お鍋さん、お釜さんなど勝手道具まで大事なものをば、さんづけに呼んだり、食べ物の中にも、お芋さんのような言い方が四国の方に聞かれる。このようなことを眼中にして言えば言えるかも知れない。これは一応もっともであるが、その事自体、敬語の複雑さを物語る。

五　現代敬語の無軌道さについて

敬語の複雑化

首都は、自然に上(かみ)は王侯から下庶民(しもしょみん)に至るあらゆる階級があって、いやでも、敬語をますます複雑化した一方に、商業の発達、隆盛から、毎日毎時お得意に対する商業主義、売らんがための世辞、ついしょうがいやが上にあがめ奉る敬語をはんらんさせたことは争えない。

お得意様々、旦那様々で、ついしょうまたついしょう、ついに、状態まで様付けにして、ご親切さま、ご足労さま、ご苦労さま、憚(はばか)りさま、おあいにくさま、お気の毒さま、ごもっともさま、お左様さま、等々、はてしがない。バカバカしいことである。こんな「様」は、ついウカウカとわれわれも口にして無意識になっているが、気がついてみると、全く無意味な「さま」で、無くたって少しも差し支えがない。憚りです。おあいにくでした、お気の毒でした、ごもっともです、左様です、で結構である。

「お」のつけ過ぎ

名詞へ「お」を付ける付け過ぎは、商業主義のほかに、幼稚園(ようちえん)や小学校の子供たちに物やさしくしてやる愛情のあまい「お」で、おべんとう・おくつ・お教室の・お割烹(かっぽう)の・お時間のとはてしがない。

一方、おビールだの、おコーヒーだの、おサイダー、おソースの類は、家庭で聞くよりも早く、大きな料亭の年増(としま)の婦女子の口から出るのを聞いた方が早かった。商売上、常連のお殿様、大臣様、社長様など、おえらいかたのことでは、身分の相違から特別サービスの

「お」が、召し上がる何物へでもついて、西洋語でも何でも構わず、お紅茶というように、おコーヒーと付けて行ったまでのことだったろうが、片カナ書きのものへまで「お」をつける勇気は、インテリの奥様にはちょっとはできなかったはずだからである。

だが、昔から、宮中の女房(にょうぼう)ことばの、お上(かみ)の召し上り物の故に、一つ一つに「お」をつけたのを、民間の婦女子の嗜(たしな)みの言葉として、まず武家の奥がた、町かたの良家の奥向きまでもこれを学んだように、「お」ことばが、すっかり浸潤(しんじゅん)した所である。

しかし、敬語の美しさも、その時、その場、その人柄と、しっくり調和してこそであって、いい人ぶって、場所もあろうに、青物屋の店頭で、一々の青物へ「お」をつけて呼んでいるなどは、何もそう丁寧形をご大層に振り回さでもの場所だけに、いかにも不調和で、うんざりするのである。そういう不調和の所・時をかまわず、「お」をふり回すものだから、折角(せっかく)の美しい語形も逆効果を生じて、婦人語の「お」を少し減らすがよいと言われるのである。要はその人と、用いる所と時とを調和させた用い方が要請されるのである。

「申す」の乱用

用法の乱れている言葉に「申す」がある。もと「言う」の謙称で、「下から上へ言う」ことだったのに、知らず知らず、「言う」の丁寧称になってしまった観があって言うというところを奇麗に言おうとしてか、よく「申す」をつかう。これは随分広い乱用で、芝居のセリフにも、有名な大俳優の言葉にも出るほどである。

「折口先生がいつか私どもへそう申されました」

などいう類で、おっしゃいましたとか、言われましたでなければいけない。

「申し込む」

これは、その申し込む側が言う言葉で、言う側がへり下って向うを敬う語気がある。それを受けた側が、子供みたいに、向うの言葉をそのままおうむ返しに

申し込み順に渡します

は少々横柄(おうへい)である。

お申し聞けの趣(おもむき)承知しました

ならば、「申す」は「言う」の丁寧語として、それへ敬語の「お」がついているから、これならばまず許されよう。本当なら「仰せ聞けの趣」であろう。

「お申越」

向うから「言ってよこす」ことを「お申し越」と言うことが、普通の慣用になっている。丁寧称を用いて、敬称の気になっているもので、この類は世間にざらにある正しく向うを敬う言葉としては、「仰せ越し」であるべきはずのところだ。が、それを世間一般が用いず、「お申し越し」で通っているから、理窟はどうあろうと、言語は慣用が物を言うから、今では「お申し越し」でもよいことに認めるべきか。

ご遠慮下さい

遠慮するとは、することを差しひかえる側(がわ)が、向うをはばかり自分を制するいいことばである。さしひかえる側の丁寧な礼儀のある表現だから、こう、

私も、行きたいが山々だけれど、ご遠慮しましょう。ご迷惑になるといけないから

それを人にさせようというのは、威丈高(いたけだか)になって

遠慮したがよかろう。

相手が「へい」と引き下るような時のことである。然るに、商店の入口の張り札などに、よく見受けるところの

「未成年のかたは、ご遠慮下さい」

相手に向って、ご遠慮下さいというのは、対等の間でさえ失礼な言葉である。それを、お客に対してそういうことは、どんなものか。

せいぜい、おひかえ下さい、ぐらいの所ではなかろうか。

それを、相手がいくら未丁年者だといっても、自分の方は、商売な場合、その筋の威を借りて、遠慮を要請する言葉には、納得(なっとく)できない。

デパートなどでも、今日は、お客で、込みあいますから、と言って、エレベーターなど上るかたにだけ提供するが、下りる方は、この際、段々を歩いて下りて下さいということを客に願うのに、「二階三階は、下りる方は、ご遠慮下さい」は失礼だ。ただ、店へではなく、

上る客へ遠慮してくれという意味に取って辛じてがまんするかだ。

「――様へよろしく」

「――様へよろしく」という伝言の頼みかたはむずかしいものである。伝言の対象になる人とその伝言を言う人と、人格が二重ゆえ、両方へ敬語を使う段になると、むずかしいばかりでなく、重苦しくなる。それで、軽くかわして、「どうぞよろしく」と逃げるのが利口な言い方なのである。それを女の学生などよくしゃべり過ぎて、「どうぞ奥様によろしく御つたえ下さい」とハッキリ言ってしまう。さっぱりし過ぎていて、奥様へはちっとも敬意がささげられていないことを気づかずにいる。といっても「お申し上げ下さい」では、旦那様が落ちる。

だから従来は、「ご鶴声のほどを」などとうまくはずしていたものだが、これからの言葉にはもう鶴声でもあるまい。

そこで、「どうぞよろしく」などは巧みな言い方である。近頃「およろしく」も聞かれるけれど、「おしずか」「お美しい」「お若い」「お早い」は、耳なれたが、「およろしく」は、つけ過ぎのきらいがないか。

次に、「どうぞ奥様へよろしく」などと言われた時のあいさつは、「申し聞けます」である。この「聞ける」は「聞かせる」意、この「申す」は、相手の語を、自分の口で言うことであるから、「言う」の丁寧語をもってしたもの。「申し伝えます」でもわるくはないが、

「申し聞けます」の方が本格的である。「お母さまによろしく」でも、「お父さまによろしく」でも、「申し聞けます」でよかろうが、「先生へよろしく」だったら「申し上げます」の方であろう。

むずかしいわけ

日本語の会話の美しさが、よく調和した、過不足のない、適正な敬語の運用にきわまる。ただし、技巧だけでも底を突くし、巧みが見えすくと、不快にさえもなる。むずかしいかなだ。

やさしいもの

本当に、人をうやまう心と、謙譲な心から出るまことの言葉――巧まざる最良の敬語はそこに生まれるものである。要はめいめいの心の問題に帰する。むずかしいようで、その実「易(やす)い」とも言えよう。

人間の誠心・誠意。敬語のむずかしさも、そこにあり、敬語の易さもまた、そこにある。

第五章　結論

一　敬語のとどかない名歌

歌と敬語

古来、和歌には敬語が少い。例えば、万葉集巻一から繰って行って、妻が夫に対し、大臣が大君に対し当然、敬語を使って然るべき所を、敬語なしに歌っているのが沢山見える。人麻呂ともあろう人が、

「天皇御二遊雷丘一之時作歌」（巻三）

おほきみは神にし座者(ませば)天雲の雷の上に廬為流(いほりせる)かも（二三五）

に於(おい)て、上の句には、「座(ま)せば」と敬語を使いながら、結びには、「せる」と言ってのけて、さながら、笑話の山出しの男の、畏(かしこま)って、言った「檀那(だんな)さん、お座敷さ、おいであって、お飯食(めした)べれ」の類(たぐい)になっているが、これは一体、どう理解すべきことであろうか。

勿論、古今集及びそれ以後のにも、いや、現に、今の世の人でも、歌には、敬語を欠いてもいいこと、誰も知っている通りだ。何故であろうか。「歌だから」とそれをあたり前に思って、従来少しも問題にしなかったが、なぜ歌には、敬語を整えなくっても好いのであろう

か。改めて問題にして見ると、中々むずかしい問題になる。

字数の制限

まず第一に考えられることは、歌は、字数に制限があるから、制限内で、敬語が用いられる時は敬語を用いるけれど、そうでない時は、強いて敬語にしなくても、容認されるのだ、と解されようか。

併し、「字数の制限があるから、歌では、許される」ためには、その前に、「歌では必ずしも敬語を整えなくってもよいから」なのであろう。それが、どうしてかと今問うているのであるから、その第一の解釈は、解釈にならない。まして字数の制限は万葉集の歌でははるかに自由なものだったから、これは問題にならない。

前に挙げた人麻呂の歌で言えば、「せるかも」といわずに、「せすかも」とさえ言いさえすれば、同じ字数で敬語が整うのである。それを「せすかも」と言わず、「せるかも」と言ってのけているのだからわからない。

もしや、伝写の誤りで、異本に、「せすかも」となっているものでもあるのではあるまいかと、探して見たのであるが、みな「為流鴨」とあって、「世須鴨」というようにある本に、まだ出逢わない。もっとも、「するかも」「せるかも」、どちらにも訓まれる。今は暫く、「せるかも」と訓む方に従ったままであって、どちらにしても、敬語にならないことは同一であるから、その点は、ここでは問題にしない。

万一、一本はここを世須鴨とあったら、または、佐佐木信綱先生の新訓のように、「いほらせるかも」と訓じたら、この歌だけは問題がなくなるが、他にもこの類がある（一六七頁五行目参照）から依然問題は残るのである。

歌の声調

第二に、歌は声調を重んじるから、そのために敬語形を取っては、調子がたるむ場合、これを犠牲にすることもあるのだと解しようか。万葉集巻頭の雄略天皇御製と伝える「こもよ、みこもち」の一篇の中に、路傍の一少女にさえ敬称形を取られて、「名告らさね」とある。「告らね」が普通形で「のらさね」は敬語形である。修辞法には、互文の綾ということもあり、殊に和歌には、しらべということもあって、言葉尻などは、強いて整えなくってもよいのだとも解される。但し、修辞が語法を圧倒するのだと解くことはやはり、圧倒しても、歌の上ではよいということが許されての上であって、なぜ、歌の上はよいのか、第一の解釈と同様、これは、解すべきことを前提としていて少しも解していないのである。

「せり」について

第三に、「せり」は、この歌のほかにまだある。

久方の天ゆく月を網にさしわが大君はきぬがさに為有（二四〇）　人麻呂

などもあって、或は、これで語感が合っていたものだったろうかとも思われる。勿論「著せる」「立たせり」「おもほせり」「知らせり」「佩(は)かせり」の「せり」ならば、動詞そのものが敬称形であるから十分であるが、そういう場合の「せり」が、類推(るいすい)されたのでもあろうか。
また思うに、「しあり」の約(つづ)まった形で、いわゆる存在態なのであるが、貴人の「行動」をば「存在」態にいうことが敬語法の一つの型で、「出御あり」「還御あり」「御覧あり」「おましあり」などいう例がある。ただし、これらにも、敬意はその上の名詞にあるから、敬語法となるのであるが、「いほりせるかも」、「きぬがさにせり」では敬語には、どうも成らない。

ほかにもあること

その上、問題は、この「せり」一つに限らず、ほかにも沢山に、敬語の十分でない歌があるから、それはなぜかという問題は、依然として残るのである。例えば次のような歌——

　壬申の乱後、天武天皇の飛鳥（あすか）の清御原（きよみばら）に都したまうのを、

　大伴御行の歌った歌

おほ君は神にしませば赤駒のはらばふ田井を都と奈之都(なしつ)（四二六〇）

おほ君は神にしませば水鳥の巣だく水沼(みぬま)を都と成通(なしつ)（四二六一）

都と「成さす」と言わずに、「成しつ」と言い切っている。なぜか。これでよかったのであろうか。

古代文語の中の敬語の位置

第四の解釈は、一体敬語は、口語の上に代々発達して来た。だから、自然に敬語は口語に多く文語にはその割りに少い。このことは、古文を講読して見るとハッキリわかる。「大君はいかづちの上に、いほりしていらっしゃる」と言わざるを得ない。平安時代の物語文を口語訳する時にも、例えば、谷崎源氏を原文と対照して読むとよくそれがわかる。到るところに、沢山の敬語を補って訳してあるのである。して見ると、敬語法は、文語よりも口語に、古代よりも後世に、段々発達して来たもの、換言すれば、封建時代の社会の階級制度や、都市の商業主義のついしょうが拍車をかけて、いやが上に敬語法を発達させて来たものだったであろう。どうも源氏物語などの源氏と女房たちの対話などに、軽い問答が交わされて、上下の差も、性別も、そうそう今のように分明ではないことは、誰でもいわれることである。それがつまり上代まで溯（さかのぼ）ると、

信濃路は今の墾り路刈りばねに足踏ましなむ沓穿（は）け我が背（三三九九）　東歌信濃国

夫に向って「靴穿（は）け」である。このままを口語に訳したら、「御飯（おめし）食べれ」の類になって、今日のわれわれには変だが、往時は、（山出しの男に変でなかったように）一般に変ではなかったから、こう歌ったものであろうと考えざるを得なくなる。

思うに、今の人のついしょうを知らない純情な上代人の素朴（そぼく）さ、今の人ほどには敬語を一々整える慣（なら）わしが無く、それが、和歌の伝統になっていたのではなかったか。だから勿論夫婦の間などでは、親愛の情が、軽く敬語を吹きとばして少しも失礼にはならなかったので

あろう。

今一つの臆断

更に進んで、ひょっとしたら上に一度、「神にしませば」「足踏ましなむ」など敬語が出れば、下の方は、それなしにもよかったかも知れない。山出しの男が言った言葉を、今のわれわれが笑うけれど、まじめだった男には、あれでよいとしていた心が、上代人の心に通うものがあったのではないか。

動詞の重出に、最後だけを敬語にする

「御息所がまかでなむとしたまふ」

「忍びてぞ出でたまふ」

の類。

「君はこの頃うらさびてなげかひいます」（四二一四）

「殿建ててさかみづきいます我が大君かも」（四〇五九）

の類。

またこれを逆に、上にだけの敬語熟合句、「おぼしなげく」「おぼしまどふ」「おはしおどろく」等々の類は、全く常であって、さながら、また、今日の「御研究になっている」「お済みになっている」の類である。

こういうのが、もしや、「衣笠（きぬがさ）にせり」「都と成しつ」という形なのではなかったかというようにも思われる。

二　歌から見た敬語の本質

歌からの結論

歌からの結論として考えられることであるが、かような、ずうっと昔から今まで敬語抜きに歌われて来た和歌の敬語のあり方は、「これからの敬語」というものの上に、何か一つの示唆を与えはしないか。

つまり、今日の口語を、一気に、和歌の世界のように、従ってまた、上代人の気持になろうとしても、むずかしくはあろうが、しかし、今のままではなしに、この封建の世から受け継いだ贅物(ぜいぶつ)や、商業主義のついしょうによごれたしみを洗い清めて、新しい再興日本の言語に適合させようと願うならば、国語は国民のままに成長して来たものであるから、国民の心でやってやれないはずのものではないのである。ただし、一ぺんには行かなくても、みんなが反省して行けば、必ず出来得るのである。一に国民の自覚である。

もちろんこれは、乱暴な言葉の方がよいというのではない。また、上代のそのとおりにというのでもない。民主主義国の国語にも、敬語は日本ほどにはなくっても丁寧語は、やはり不要ではなく、むしろ必要である。平等に、お互の人権を尊重する礼儀を限度とする敬語法の、太古とはまた気持のちがった新時代のものが丁寧語という形であってよいのである。

新時代の敬語のあり方は、どうあるべきか。全然敬語をつかわずに育った若い人々に示すべき規範は、どこに求めるべきであるか。これが「これからの敬語」の問題である。

三　結びの言葉

敬語が欠けても、歌は古風なものだから、今の口語ほどやかましくはなく、容認されると考えて一応片づくようだが、「それがどうしてか」と問うと、まだ先があり、最後の問題がまだ残る。

これはギリギリの所、「内容の充実が、形式の羈絆を凌ぐ」という原理に基づくか。こうして敬語の本質論へ知らず知らずぶつかる。心の表現が主で、形を整えるのも、要するに心の伝わるためであり、心が伝わる以上は、敬語はなくたって済むものだという結論に導かれて来る。

「ギリギリの所、敬語は無くてもいい」ものだとなって、ここに初めて、

　敬語のない方言の存在する理由、

　敬語のない先進国語の存在する理由、

が一度にみな解けて来る。

これが実に、名歌の、敬語不完備がヒントとなって、わかった本質である。
言いたいことが通りさえすれば、まず言語の第一義が成功で、敬語は二の次のことだった。ギリギリは無くても済むものだが、あればあって、あるだけ重要な使命を果す副食物であったのである。

言語も一つの慣わしであるから、ゆくりなく頭髪の慣わしを思い合わせた。自然に生じて頭上にあるものだから、ないかと言って、別に差し支えないから、坊主頭の人もいるし、また、古くは日本の男性もちょんまげなどを結ってもいた。明治維新後、思い切って散髪になって今日に及ぶ。この程度に旧い敬語を思い切り、つんでさっぱりと新時代に合うように保存して、社会生活の歯車のアブラとも、あるいは、めいめいの人のお互を尊重し合うアクセサリーとも、役立ててゆくことが、われわれのこれからの敬語の在り方ではないであろうか。

附録

これからの敬語

国語審議会では、かねて敬語の用い方について審議していましたが、昭和二七年四月一四日、第一四回総会で「これからの敬語」を議決し、これを文部大臣に建議しました。この小冊子はそれを印刷したものであります。国語改善の実をあげるため、その趣旨が広く普及徹底するよう各方面の協力を望むしだいであります。

昭和二七年五月

文部省調査普及局国語課長

原　敏夫

まえがき

この小冊子は、日常の言語生活における最も身近な問題を取り上げて、これからはこうあるほうが望ましいと思われる形をまとめたものである。

これからの敬語についての問題は、もちろんこれに尽きるものではない。元来、敬語の問題は単なることばの上だけの問題でなく、実生活における作法と一体をなすものであるから、これからの敬語は、これからの新しい時代の生活に即した新しい作法の成長とともに、平明・簡素な新しい敬語法として健全な発達をとげることを望むしだいである。

基本の方針

1

これまでの敬語は、旧時代に発達したままで、必要以上に煩雑な点があった。これからの敬語は、その行きすぎをいましめ、誤用を正し、できるだけ平明・簡素にありたいものである。

2

これまでの敬語は、主として上下関係に立って発達してきたが、これからの敬語は、各人の基本的人格を尊重する相互尊敬の上に立たなければならない。

3

女性のことばでは、必要以上に敬語または美称が多く使われている（たとえば「お」のつけすぎなど）。この点、女性の反省・自覚によって、しだいに純化されることが望ましい。

4　奉仕の精神を取り違えて、不当に高い尊敬語や、不当に低い謙そん語を使うことが特に商業方面などに多かった。そういうことによって、しらずしらず自他の人格的尊厳を見うしなうことがあるのは、はなはだいましむべきことである。この点において国民一般の自覚が望ましい。

1　人をさすことば

(1)　自分をさすことば

1　「わたし」を標準の形とする。

2　「わたくし」は、あらたまった場合の用語とする。

付記　女性の発音では「あたくし」「あたし」という形も認められるが、原則としては、男女を通じて「わたし」「わたくし」を標準の形とする。

3　「ぼく」は男子学生の用語であるが、社会人となれば、あらためて「わたし」を使うように、教育上、注意をすること。

4　「じぶん」を「わたし」の意味に使うことは避けたい。

(2) 相手をさすことば

1 「あなた」を標準の形とする。

2 手紙（公私とも）の用語として、これまで「貴殿」「貴下」などを使っているのも、これからは「あなた」で通用するようにありたい。

3 「きみ」「ぼく」は、いわゆる「きみ・ぼく」の親しい間がらだけの用語として、一般には、標準の形である「わたし」「あなた」を使いたい。したがって「おれ」「おまえ」も、しだいに「わたし」「あなた」を使うようにしたい。

2 敬称

1 「さん」を標準の形とする。

2 「さま（様）」は、あらたまった場合の形、また慣用語に見られるが、主として手紙のあて名に使う。
将来は、公用文の「殿」も「様」に統一されることが望ましい。

3 「氏」は書きことば用で、話しことば用には一般に「さん」を用いる。

4 「くん（君）」は男子学生の用語である。それに準じて若い人に対して用いられることもあるが、社会人としての対話には、原則として「さん」を用いる。

付記 議会用語の「某君」は特殊の慣用語である。

5 職場用語として、たとえば「先生」「局長」「課長」「社長」「専務」などに「さん」をつけて呼ぶには及ばない（男女を通じて）。

3 「たち」と「ら」

1 「たち」は、たとえば「わたしたち」というふうに、現代語としては、自分のほうにつけてよい。

2 「ら」は書きことばで、たとえば「A氏・B氏・C氏ら」というふうに、だれにも使ってよい。

4 「お」「ご」の整理

(1) つけてよい場合

1 相手の物事を表わす「お」「ご」で、それを訳せば「あなたの」という意味になるような場合。たとえば、

お帽子は、どれでしょうか。

ご意見は、いかがですか。

2 真に尊敬の意を表わす場合。たとえば、

先生のお話

先生のご出席

3 慣用が固定している場合。たとえば、

おはよう　おかず　おたまじゃくし
ごはん　ごらん　ごくろうさま
おいでになる（すべて「お――になる」の型）
ごらんになる（すべて「ご――になる」の型）

4　自分の物事ではあるが、相手の人に対する物事である関係上、それをつけることに慣用が固定している場合。たとえば、

お手紙（お返事・ご返事）をさしあげましたが
お願い　お礼　ご遠慮
ご報告いたします

(2)　省けば省ける場合

女性のことばとしては「お」がつくが、男子のことばとしては省いていえるもの。たとえば、

〔お〕米　〔お〕菓子　〔お〕茶わん　〔お〕ひる

(3)　省くほうがよい場合

たとえば、

（お）チョッキ　（お）くつした　（お）ビール

（ご）芳名　（ご）令息　（ご）父兄
（ご）調査された（これは「調査された」または「ご調査になった」が正しい。）
（ご）卒業された（これは「卒業された」または「ご卒業になった」が正しい。）

5　対話の基調

これからの対話の基調は「です・ます」体としたい。

付記　これは社会人としての一般的対話の基調を定めたものであって、講演の「であります」や、あらたまった場合の「ございます」など、そのほか親愛体としての「だ」調の使用を制限するものではない。

6　動作のことば

動詞の敬語法には、およそ三つの型がある。すなわち

型／語例	I	II	III
書く	書かれる	お書きになる	（お書きあそばす）
受ける	受けられる	お受けになる	（お受けあそばす）

第1の「れる」「られる」の型は、受け身の言い方とまぎらわしい欠点はあるが、すべての動詞に規則的につき、かつ簡単でもあるので、むしろ将来性があると認められる。

第2の「お――になる」の型を「お――になられる」という必要はない。第3の型は、いわゆるあそばせことばであって、これからの平明・簡素な敬語としては、おいおいにすたれる形であろう。

7 形容詞と「です」

これまで久しく問題となっていた形容詞の結び方――たとえば「大きいです」「小さいです」などは、平明・簡素な形として認めてよい。

8 あいさつ語

あいさつ語は、慣用語句として、きまった形のままでよい。たとえば、

（おはよう。
おはようございます。
（おやすみ。
おやすみなさい。
いただきます。
ごちそうさま。
（いってきます。
いってまいります。

いってらっしゃい。

9 学校用語

1 幼稚園から小・中・高校に至るまで、一般に女の先生のことばに「お」を使いすぎる傾向があるから、その点、注意すべきであろう。たとえば、

(お)教室 (お)チョーク (お)つくえ

(お)こしかけ (お)家事

2 先生と生徒との対話にも、相互に「です・ます」体を原則とすることが望ましい。

付記 このことは、親愛体としての「だ」調の使用をさまたげるものではない。

3 戦前、父母・先生に対する敬語がすべて「おっしゃった」「お――になった」の式であったのは少し行きすぎの感があった。戦後、反動的にすべて「言った」「何々した」の式で通すのもまた少し行きすぎであろう。その中庸を得たいものである。たとえば、「きた」でなく「こられた」「みえた」など。

10 新聞・ラジオの用語

新聞・ラジオの用語として、いちばん問題になるのは、敬称のつけ方である。

それについて

1 一般に文章・用語がやさしくなり、それにしたがって敬称も「さん」が多く使われる傾

向があるのは妥当である。

2　政治的記事における「氏」の用法も妥当であるが、一面、社会的記事において「翁・女史・くん・ちゃん」そのほかの敬称・愛称を、その時、その場、その人、その事による文体上の必要に応じて用いることは認めざるを得ない。

3　犯罪容疑者に関する報道でも、刑が確定するまでは敬称をつけるのが理想的であるが、たとえば現行犯またはそれに準ずるものなどで、社会感情の許さないような場合に、適宜、これを省略することがあるのもやむを得ないと認められる。

4　次のような場合には敬称をつけないでよい。

青山荘アパート（責任者甲野乙雄）

11　皇室用語

これまで、皇室に関する敬語として、特別にむずかしい漢語が多く使われてきたが、これからは、普通のことばの範囲内で最上級の敬語を使うということに、昭和二二年八月、当時の宮内当局と報道関係との間に基本的了解が成り立っていた。その具体的な用例は、たとえば、

「玉体・聖体」は「おからだ」

「天顔・龍顔」は「お顔」

「宝算・聖寿」は「お年・ご年齢」

「叡慮・聖旨・宸襟（しんきん）・懿旨（いし）」は「おぼしめし・お考え」などの類である。その後、国会開会式における「勅語」は「おことば」となり、ご自称の「朕（ちん）」は「わたくし」となったが、これを今日の報道上の用例について見ても、すでに第6項で述べた「れる・られる」の型または「お――になる」「ご――になる」の型をとって、平明・簡素なこれからの敬語の目標を示している。

12　むすび

一般に、社会人としての対話は、相互に対等で、しかも敬意を含むべきである。この点で、たとえば、公衆と公務員との間、または各種の職場における職員相互の間のことばづかいなども、すべて「です・ます」体を基調とした、やさしい、ていねいな形でありたい。

戦後、窓口のことばや警察職員のことばづかいなどが、すでにこの線に沿って実践されているが、これからも、いっそうその傾向が普遍化することが望ましい。

解説　七〇年後の敬語

滝浦真人

「これからの敬語」

旧版『日本の敬語』が刊行されたのは一九五九年で、その前年まで金田一京助は第1期（改組後）「国語審議会」の委員を務めた。そこでの彼の仕事は、敬語部会長としてまとめた建議「これからの敬語」（一九五二年）に代表され、そのことが本書の附録として「これからの敬語」が収録されている所以である。分量的に見れば本書の過半は建議の内容と直接に結び付くものではないが、著者自身が「実は本書のねらいであり、眼目であった」と明言しているとおり（五頁）、最後の2章は「これからの敬語」の解題とも読むことができ、とりわけ終章はそのまま附録へと読者を誘うかのように結ばれている。

国語の教科書や国語辞典にも附録として掲載されたことでかなり人口に膾炙したものと思われるが、この建議の趣旨を確認しておくと、まず「これまでの敬語は、旧時代に発達したままで、必要以上に煩雑な点があった」から、これからの敬語は「できるだけ平明・簡素にありたい」という大方針が宣言される。そしてそれを支える考え方として、「主として上下関係に立って発達してきた」旧来の敬語に対して、「各人の基本的人格を尊重する相互尊敬の上に立」つのが新時代の敬語であることが説かれ、そのためには、「奉仕の精神を取り違えて、不当に高い尊敬語や、不当に低い謙そん語を使う」商業的な過剰敬語を排すべきことが述べられる（一七八—一七九頁）。

「美しさの極致」としての相対敬語

もし読者諸氏が、本書の「序説」あたりを読んでからこの「解説」を読んでおられるとしたら、この辺ですでに訝しい思いを抱かれるかもしれない。なぜなら、金田一が語り出す日本語敬語とは、「世にも稀な独特の」「相対性敬語」と呼ばれる仕組みであって、婦人の口から流れ出る敬語が「よく届いて寸分の隙もない時」に「美しさの極致」となるような「言語芸術の愛すべき名品」としてのそれだからである（二〇、四四、二二、四三頁）。

「相対（性）敬語」とは、話し手が敬語の使用／不使用を自分自身の視点から決めるのではなく、視点を聞き手の位置に移動して、聞き手の立場からして丁重に遇するべき対象に敬語を用いるシステムのことであり、例えば、自分の親のことをよその人に話す場合には、「父もそう申して（×仰って）おります」のように言わなくてはならない。当然これは、話し手が自分自身の視点から判断してよい仕組みよりも複雑さが増す理屈になるので、「平明・簡素」とは向きが反対と言うべきことになる。日本語ときわめて文法が近似している韓国・朝鮮語の敬語は、話し手に視点を置く「絶対（性）敬語」的であると言われ、日本語と好対照をなす（こちらは、畏まって話すときほど、「わたくしのお父様もそう仰っています」のように言う）。

金田一はこの「絶対敬語／相対敬語」の別を説いた代表的な学者であり、戦前からこの点を力説し、発展段階説的に日本語の相対敬語が最高段階であると称賛さえしていた。戦前に書かれた別の文章では、東京のとある女学校と人物の名前まで出しながら、「敬・謙・恭・愛・親、各称の洗練されたみごとな交錯の、一糸乱れない使い分けに、打たれ打たれするものだった」（「女性語と敬語」一九四一年）と記している。盛岡の地で生まれ育ち仙台の高校（旧制）を経て上京した金田一が耳にしたであろう相対敬語が満載の語りについては、同じく盛岡生まれ仙台育ちで東京で暮らすことになった筆者にも自らの体験があるので、（打たれ打たれするかはともかく）感覚的には理解できる。やはり女子大学の国文学の同僚などが、「A先生がB先生に、C先生が…とお申し越しになって、と申し上げなさったところ、B先生があっけらかんと、そのくらいして差し上げたらよかろうと仰ったのが、もう可笑しくって…」といった具合に早口で話すのをポカンと聞きながら、これが東京の敬語かと思った記憶がある。

「歯車のアブラ」「アクセサリー」としての丁寧語

翻って、金田一が「これからの敬語」で世に問おうとした敬語は、「相対敬語」ではなく（強いて言えば）「絶対敬語」的であり、さらに言えば、「丁寧語」主体の簡素化された敬語である。「尊敬／謙譲／丁寧」の三分法で見れば、「お…になる」や「お…する」のような（素材次元の）敬語ではなく、「です・ます」に代表される（対話次元の）敬語が「丁寧語」である。建議は、「これからの対話の基調は『です・ます』体としたい」と明快に宣言する一方、素材敬語については一応掲げたというほどの扱いで、「動作のことば」として「尊敬語」に言及するものの、「お…になる」の形よりも助動詞「（ら）れる」の方が「むしろ将来性がある」と述べるなど、長期的には低落傾向を見ているかのような印象を与える（一八三頁）。

本文最後の章「結論」は、なぜ敬語の「これから」を論じる最後に遠いいにしえの「歌」の話が来るのかと読者を面食らわせること必定とも思われるが、日本語の原点に立ち返るなら、煩瑣な敬語を用いなくても心は伝わることがわかるはずだ、との思いが書かせたものだろう。[*1] 建議ではそこまで踏み込んだ表現はされていないが、彼自身としての意図は、次の一文に凝縮されているものと見える。

平等に、お互の人権を尊重する礼儀を限度とする敬語法の、太古とはまた気持のちがった新時代のものが丁寧語という形であってよいのである。（一七二―一七三頁）

「結論」の直前で金田一は、「むずかしいわけ」と「やさしいもの」との対比を置いている。「敬語のむずかしさも、そこにあり、敬語の易さもまた、そこにある」という言い方によって調和を図ろうとしているように見えるが（一六四頁）、その真意としては、新時代を始めるに当たり、最高発達段階としてあらゆる対人関係を表現しきる相対敬語から、言うなれば〝丁寧モード〟が表せればよいという最小限の単純な敬語への、思い切った切り替えを提案したいとの考えがあったのではなかろうか。「明治維新後、思い切って散髪になって今日に及ぶ。この程度に旧い敬語を思い切り、つんでさっぱりと」（一七四頁）といった言い方にもその意気込みが見て取れよう。

＊1　但し、この煩瑣な素材敬語が金田一の称賛する相対敬語性の最も発揮されるところでもあることを考えると、彼の過剰敬語批判には諸刃の剣としての面もあることになる。

故郷回帰？

ところで、本書の冒頭、序の書き出しにはこうある。

郷里の盛岡は、敬語の丁寧な所で、自然私は日本の敬語に深く関心を持った。（三頁）

もしかすると、ここに引っかかりを覚えた読者もいただろうか。一般に東北地方は敬語が盛んでない地域とされることが多く、雑駁に「無敬語地域」と括られることも少なくない。「敬語の丁寧な所」と言えるものかと思われても無理はないかもしれない。

しかし、本文で具体例も挙げられているように、金田一の言葉はそのまま受け取ってよい。南部藩の城下町だった盛岡では丁寧な表現が多くあり、何段階かの度合いが区別されると言われる。「ごあんす↓ござんす↓ござりあんす」や、「おで↓おでんせ↓おでりゃんせ（おいで↓おいでませ↓おいでありませ）」のように丁寧度の上がる例が記されている（一五六、一三二頁、表記を変えたところがある）。仙台の例、「ござりせんでござりす（ございませんでございます）」も見えるが（二五六頁）、筆者も母からかつては仙台の言葉も大変丁寧だったものだと、こうした言い方を聞いたことがある。

ここで一つ気のつくことがある。それは、これら金田一の郷里で話されていた敬語が、種類としては「丁寧語」の類だということである。丁寧語はどれだけ発達したとしても、話し手から聞き手への敬意を直に示す機能には変わりがないから、相対敬語性とは触れるところが少ない。相対敬語性は尊敬語、謙譲語などの素材敬語で発揮されるものであることを考えると、金田一が「これからの敬語」を考えたとき、郷里の敬語に思いを致し、そこで交わされていた丁寧さを「これからの敬語」の道標としてはどうかと考えた可能性も大いにあると思う。

付・敬語の起原説

本書の記述をめぐって一点だけ加えておきたい。主として序説で敬語の起原が論じられるが、現代的な考え方からすると理解の難しいところがあるだろう。「美称（ほめ詞）」と「タブー（禁忌）」をともに敬語の起原として扱うことは論理的な困難を抱えることになるし、

「親称」と「敬称」をともに「タブー」から発生するものと捉えること（二八頁）もまた難しいだろう。タブー的な女性語法から敬語の起原を女性語であるとする議論も、今日的にはなかなか受け取りにくい印象が拭えない（先の盛岡の丁寧な敬語のくだりで「婦人語に多く聞かれた」（一三二頁）ともあるので、敬語の女性語起原説にもつながっているかもしれないが）。論じるのに必要な学術的知見が十分でなかったとも思われるが、法学者穂積陳重による忌み名の研究が帝国学士院から発行されたのが一九一九年であり、そこで喝破されていた「近きは賤しく、遠きは貴し」[*2]との日本語ポライトネスの基本原理とも言うべきものを、もし金田一が参照していたらどんな敬語論になっただろうか。

＊2　穂積は敬語のタブー起原説に立ち、対象に〝触れない〟ように呼ぶこと（「避称」）が恭敬の表現となるのに対し、対象に近づいて〝触れる〟ように呼ぶことは、親しい関係でなければ相手を貶める表現となることを説いた。方向の表現である「彼方（あなた）」や「彼方様」（二重の避称）や、「陛下」「閣下」（いずれも場所表現）のように、避ける程度が大きいほど丁重さが増すこと、それとは反対に、〝相手の自己〟を直称するならば、「われ」（＝我）や「おのれ」（＝己）のように罵倒敵意を含んだ賤称となることなどが述べられた。

七〇年後の敬語

さて、「これからの敬語」が世に出てから七〇年の時が経過しようとしている。日本語の敬語とそれを話す人々の心持ちはどうなっているだろうか。筆者の見るところ、注目すべき点が二つある。一つは、人々が規範としての敬語を欲しがっているように見えることである。文化庁ほか「国語に関する世論調査」で一〇年ほどの間隔を置いて3回尋ねられた質問「今後とも敬語は必要だと思いますか」に対する積極的な「必要」との回答が、二〇年ほどの間に大きく増加し、約85％にも及んでいる（平成二五年度調査）との結果がある。

もう一つは、敬語の使用における変化として、他者への表敬より自己の呈示を指向する傾きが明瞭に見られることである。象徴的なのは、「させていただく」への止まらないシフトで、背景には、他者主語の「くださる」が忌避され自己主語の「いただく」が選好されている変化に表れるように、丁寧さは保持したいが他者に言及する（触れる）ことには躊躇いがあるとの心持ちが見える。古典的な三分類に名前のある「尊敬語／謙譲語／丁寧語」は他者への表敬を受け持つが、「これからの敬語」から半世紀少しを経て出された文化審議会答申「敬語の指針」（二〇〇七年）で加えられた類型「丁重語／美化語」（それぞれ「謙譲語／丁寧語」からの〝分離独立〟）は、指向する他者が直接的には表されず、へりくだる／上品に言うことのできる自分を見せるという意味において自己呈示的である。その自己呈示も話し手として対面する聞き手に対する意識の反映には違いないので、機能としては（間接的に）丁寧語的であると言える。[*3] だとすると、金田一の思い描いた将来の日本語像と大きく隔たってはいないことになる。

＊3　詳しくは、拙論「なぜいま敬語は『5分類』になったのか？――日本人の敬語意識に起こっていること」近藤泰弘・澤田淳編『敬語の文法と語用論』開拓社、二〇二二年、を参照されたい。

現代日本人のアンビバレンス

尤も、規範はほしいが他者に触れるのは避けたいという心持ちはなかなかわかりにくい。どこかねじれて見えるこの現象は、金田一が思い寄らなかった何かを示しているように思われる。

上下の秩序から対等な関係での相互尊重へと金田一は願った。ところが、そこには一つ、皮肉な面があった。身分社会における上下の秩序は、流動性が低く個々人の裁量範囲も小さい反面、固定的な関係性を導きやすい点で、話し手にとってはそのつど考えなくて済む面がある。他方、対等な関係（少なくとも上下よりも親疎の関係が顕著になりつつある社会）では、誰をどう待遇するかを各自が自分で決めなければならない度合いが増すことになる。現在に至る上述のような変化を見ていると、このことが人々の重荷になっているという要因があるのではないかと思えてくる。

「規範」は、確固としたものがあるかぎり、各自が判断しなければならない部分は少なくて済む。そうした意味では、85％もの人が「必要」と思っている「敬語」とは、考えなくて済むためのガイドラインなのかもしれない。これが、身分社会でなくなって七五年が経過した日本社会の現実だとすれば、金田一は少々がっかりするだろうか。

（言語学者、放送大学教授）

本書の原本は、一九五九年に角川書店より刊行されました。